KINZAI バリュー叢書

ザ・地銀

構造不況に打ち克つ長期ビジョン経営

A.T. カーニー
髙橋　昌裕［著］

一般社団法人金融財政事情研究会

はじめに

地方銀行を応援する本を書きたいと思っていました。

筆者は、コンサルティング会社のＡ・Ｔ・カーニーで金融機関を中心に、そのなかでも特に地方銀行をクライアントにコンサルティング業務に携わっています。地方銀行の皆さまと仕事をするたびに、各地域における有数の企業としての誇りと責任感をもちながら業務を遂行している姿を目の当たりにして、頼もしく感じています。

そんな地方銀行を取りまく環境が、大きく変わろうとしています。過去にもリーマンショックのように厳しい環境にさらされたときもありますが、これから立ち向かう環境変化は一時的なものではなく、地域経済の衰退といった構造的なものとなります。地域経済が成長していた時代には、足元の収益確保に取り組んでいれば、自行の成長もついてきていましたが、すでにそういう時代ではなく、この先も厳しさは増していくでしょう。また、預金や貸金の落ち込みが現実のものとなったときには、マスコミをはじめとして外部からの風当たりが強くなることも想定されます。

だからといって、悲観的になる必要はありません。こうしたときこそ目線を将来に向け、過去には固執せずに、日々の業務からも離れて、「自行が地域に愛され、必要とされ続ける」ためにはどうしたらいいかについて、思いをはせてみてほしいと思っています。制約条件を気にせずに「こうありたい」という姿を考えてみることが大事です。「こうありたい」という思いの強さが、将来をつくりだす原動力となり、厳しい外部環境のなかで成否を分ける要因となるでしょう。

地域経済が元気になるためには、地方銀行の力が不可欠です。そして、そのためには地方銀行で働く皆さんが、勇気と自信をもって「こうありたい」と思う姿に向けて進んでいくことが何よりも大事となります。本書が、将来を考える際の一助になれば幸いです。

二〇一四年八月

高橋　昌裕

目次

第1章 構造不況業種

変革へのPart 1 将来を見据える

第2章　長期ビジョン

第4章 統合・再編

Part 2 変革への足元を強化する

第5章 法人営業戦略

第6章 個人営業戦略

第7章　人材マネジメント

第8章　変革への挑戦

第 1 章

構造不況業種

1　金融庁が地銀に問いかけた五年後、一〇年後の姿

「業態としての地方銀行は転換点にきている」

仕事で地方銀行の経営者や本部各部署・営業店で働く行員の方々と接する筆者は、日増しにこのことを実感している。

明治以降、銀行は近代産業の育成に大きな貢献をしてきた。二度にわたる世界大戦、金融恐慌による混乱を経験しながらも日本は高度成長を遂げ、地域経済の発展とともに地方銀行も業容を拡大していった。その伸びが止まり、いよいよ縮小に転じようとしている。

二〇一三年九月、金融庁は「中小・地域金融機関向け監督方針」のなかで「急激な社会・経済の変化や国際規制の変更等にも対応するため、経営陣が責任ある経営判断を迅速に行う重要性が増している」「五～一〇年後を見据えた中長期の経営戦略を検討することが重要である」とのメッセージを打ち出した。金融庁がこのような問いかけを公に行ったのはおそらく初めてのことだろう。ストック型のビジネスである金融機関は、環境の悪化がすぐに経営不振を招くわけではない。しかしビジネスの基盤となる地域経済が縮小に向かっているのも事実であり、金融機関の健全性確保による金融システムの安定を行政目的とする金融庁が、地方銀行に対して中長期を見

据えた検討を求めてきたのも当然といえる。

筆者はこのメッセージを、地方銀行が、地域にどのような価値を提供していく存在になろうとしているのかという〝あり方〟を問われているものと解釈している。地域経済が発展期にあり、資金需要も旺盛だった時代の地方銀行の役割と、縮小期に入り資金需要も乏しい時代の役割が、同じでいいのだろうか。違うとしたなら、どのような方向に進化の舵を切っていくのか。問われているのはこういうことではないだろうか。

国全体の活力が低下するなかで、地方が元気にならない限り、日本が元気になることはない。そして、地方からの日本経済再生を目指すには、資金の出し手としての機能のみならず、地域での影響力が大きく、地域における「民間の頭脳」として地元企業をリードできる地方銀行の存在は不可欠である。時に、地方銀行に対しては、外部からの風当たりが強くなることもあるかもしれない。しかし、それは期待の大きさ、ないしは頼らなければならない存在だからゆえのことである。

戦後何十年かは、日本全体、そして地域経済が成長するなかで、その風に乗って地方銀行も成長してきた。いまやその風はやみ、逆風に転じようとしているとき、現状の延長線上のままでは地域経済も地方銀行も縮小し衰微してしまう。将来の幸せに向けて、地域のため、そして自身のために、〝あり方〟の再考、そして変革が求められているのが、地方銀行のいまの姿なのである。

本書では、〝あり方〟の再考・変革を求められている背景を理解するために、地方銀行の置かれた環境を共有したうえで、地方銀行の将来について考えていくことにしたい。

2 営業基盤＝地域経済の縮小は不可避

地方銀行の置かれた環境を整理するにあたって、何といっても大事なのは、営業基盤である地域のことである。メガバンクであれば、幅広い選択肢（日本全国）のなかから成長しそうな地域を選び、資源を傾斜投入することで〝いいとこどり〟をねらうことができる。さらには、ビジネスの軸足を日本からグローバルに移すという展開も可能である。実際に、近時のメガバンクの中期経営計画をみてみると、グローバルの強化方針が明確に打ち出されている。

それに対して地方銀行は、中期経営計画のなかで「地域とともに」というキーワードを掲げているケースが多いように、地元地域から逃げることはできずに、よくいえば共存共栄、下手をすると死なばもろともという関係にある。地域そのものと、そこにいる顧客こそが、地方銀行の最大の財産であるのは論をまたない。その基盤となる地域が、人口減少などを原因に縮小していくのであるから、地方銀行は規模を「現状維持」することですら、相当なチャレンジになってくる。この先、ビジネスの基盤となる地域に何が起こるのか、人と企業にかかわる動向から概観してみよう。

◇中心部にしか人がいなくなる

人口減少とはよくいわれるが、どのくらいの規模とスピードで日本の人口は減るのだろうか。まだ実感に乏しいかもしれないが、二〇〇八年頃を境にすでに日本の人口は減少局面に突入している。国立社会保障・人口問題研究所の「日本の地域別将来推計人口（二〇一三年三月推計）」によると、日本の総人口は二〇一〇年時点では一億二八〇〇万人だったが、二〇四〇年には一億七〇〇〇万人まで落ち込むと推計されている（図表1―1）。三〇年間で、約二割の減少である。約一億人という人口は、高度成長期の終わりに近い一九七〇年代の初め頃（現在の地方銀行の経営陣の多くが入行した前後となろう）と同水準である。

人口減少を、地方銀行になじみの深い都道府県別の視点でみると、二〇〇五年～二〇一〇年にかけて全都道府県の八割に当たる三八道府県で人口が減少している。今後も人口が減少する都道府県は増え続け、二〇一五年～二〇二〇年にかけては沖縄県を除く四六都道府県で、二〇二〇年～二〇二五年以降はすべての都道府県で減少すると見込まれている。人口減少は、都市部にある

図表１－１　人口の将来予測：30年で２割の減少が予測されている

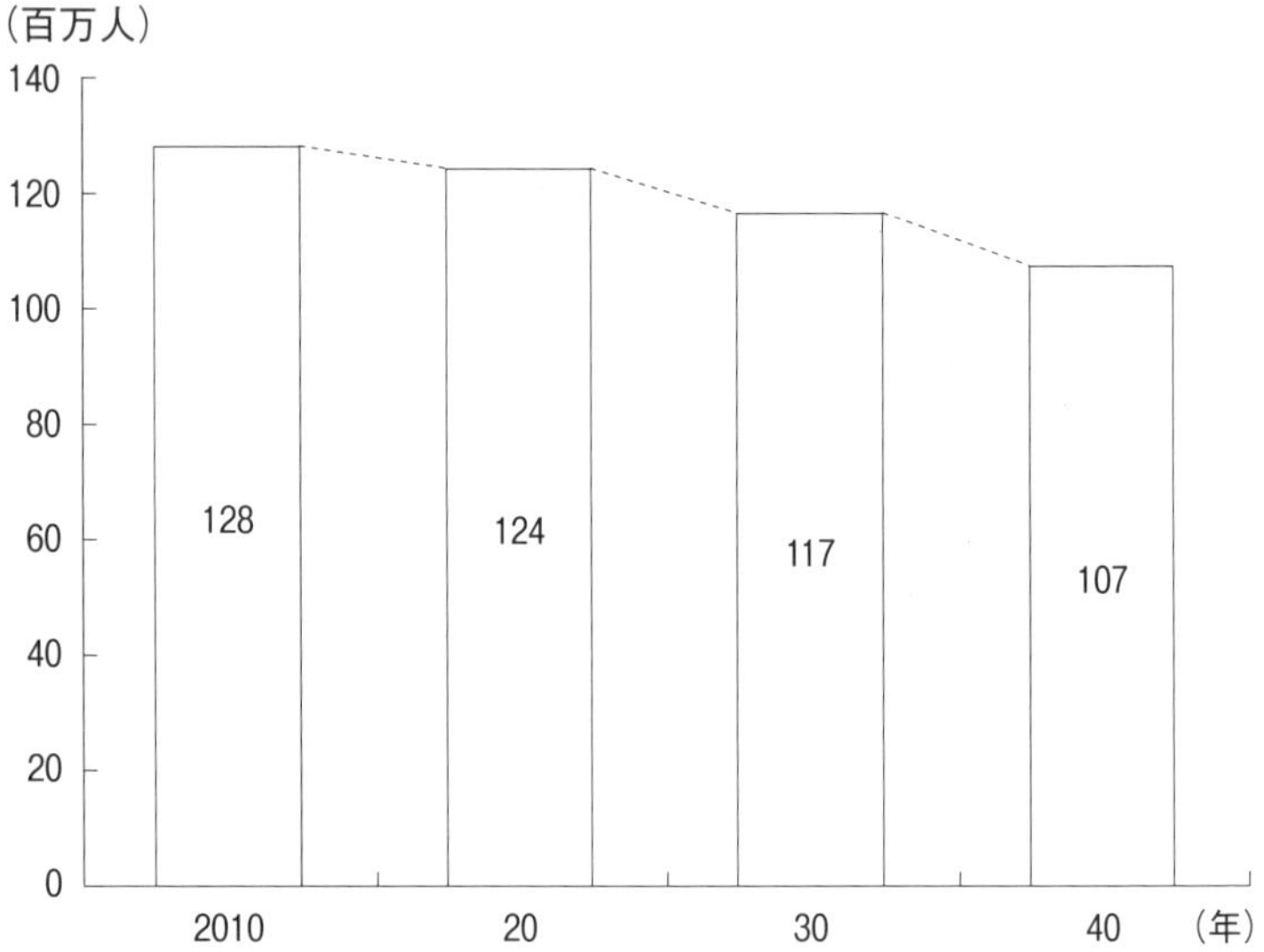

（注）　人口動態は中位推計値。
（出所）　国立社会保障・人口問題研究所

地方銀行も他人事ではないことがわかる。

もちろん、人口減少には地域差がある。そこで、二〇一〇年の人口を一〇〇として、都道府県ごとに二〇四〇年段階での人口がどれほどの落込みになっているかを、指数で確認してみよう（図表1－2）。日本全体での指数は八三・八となるので、これを基準にみていくと指数が九〇以上にとどまる人口減少の影響が少ない都道府県は、沖縄県の九八・三を筆頭に、大都市およびその周辺にある東京都（九三・五）、滋賀県（九二・八）、愛知県（九二・五）、

図表1－2　地域別人口推移（2010年＝100）：人口減少幅のきわめて大きな地域もある

（単位：1,000人）

地域		人口推移（予測）		指数	地域		人口推移（予測）		指数
県名	地方銀行数	2010	2040		県名	地方銀行数	2010	2040	
全国	105	128,057	107,276	83.8	三重県	3	1,855	1,508	81.3
北海道	2	5,506	4,190	76.1	滋賀県	1	1,411	1,309	92.8
青森県	2	1,373	932	67.9	京都府	1	2,636	2,224	84.4
岩手県	3	1,330	938	70.5	大阪府	4	8,865	7,454	84.1
宮城県	2	2,348	1,973	84.0	兵庫県	2	5,588	4,674	83.6
秋田県	2	1,086	700	64.4	奈良県	1	1,401	1,096	78.3
山形県	3	1,169	836	71.5	和歌山県	1	1,002	719	71.8
福島県	3	2,029	1,485	73.2	鳥取県	1	589	441	74.9
茨城県	2	2,970	2,423	81.6	島根県	2	717	521	72.6
栃木県	2	2,008	1,643	81.9	岡山県	2	1,945	1,611	82.8
群馬県	2	2,008	1,630	81.2	広島県	2	2,861	2,391	83.6
埼玉県	1	7,195	6,305	87.6	山口県	2	1,451	1,070	73.7
千葉県	3	6,216	5,358	86.2	徳島県	2	785	571	72.7
東京都	4	13,159	12,308	93.5	香川県	2	996	773	77.6
神奈川県	2	9,048	8,343	92.2	愛媛県	2	1,431	1,075	75.1
新潟県	3	2,374	1,791	75.4	高知県	2	764	537	70.2
富山県	3	1,093	841	77.0	福岡県	5	5,072	4,379	86.3
石川県	1	1,170	974	83.3	佐賀県	2	850	680	80.0
福井県	2	806	633	78.5	長崎県	3	1,427	1,049	73.5
山梨県	1	863	666	77.2	熊本県	2	1,817	1,467	80.7
長野県	2	2,152	1,668	77.5	大分県	2	1,197	955	79.8
岐阜県	2	2,081	1,660	79.8	宮崎県	2	1,135	901	79.3
静岡県	4	3,765	3,035	80.6	鹿児島県	2	1,706	1,314	77.0
愛知県	3	7,411	6,856	92.5	沖縄県	3	1,393	1,369	98.3

（注）　指数は、2010年の総人口を100としたときの、2040年の比率。
（出所）　国立社会保障・人口問題研究所

図表1－3　人口増減別の地点数（2050年）：現在人が住んでいる地点の63％で、人口が半分以下になる

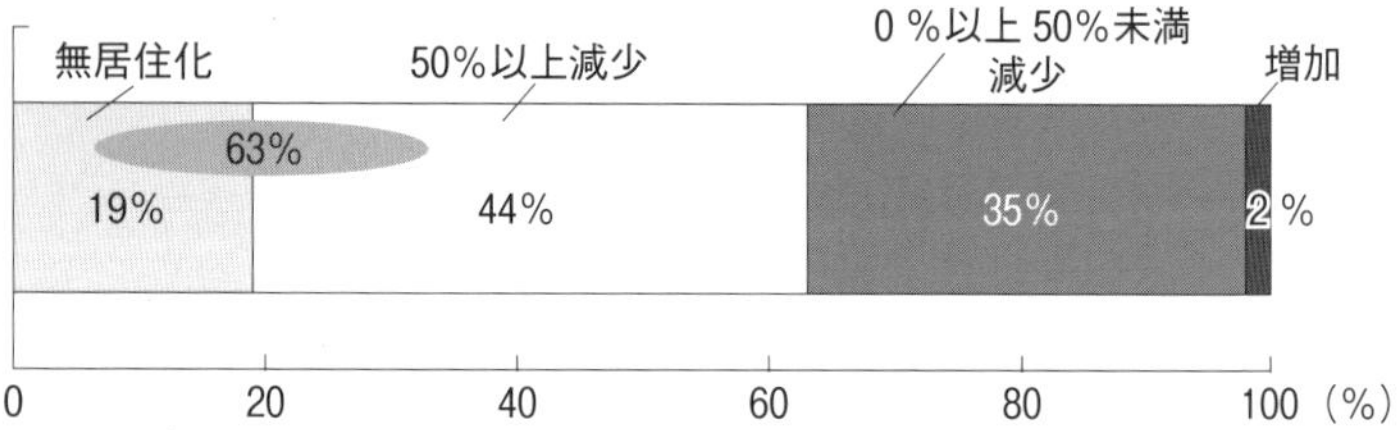

（出所）　国土交通省「新たな『国土のグランドデザイン』（骨子）」

神奈川県（九二・二）の合計五都県である。第二地銀を含む全国一〇五の地方銀行のうち、これら五都県には一三行が本店所在地を構えている。一方で、指数が七五を下回る県もある。北から順番に青森県・岩手県・秋田県・山形県・福島県・和歌山県・鳥取県・島根県・山口県・徳島県・高知県・長崎県の一二県で、ここには二六行が本店を置いている。なかでも青森県（六七・九）と秋田県（六四・四）の両県は、指数が七〇を下回ると予測されており、人口減少の影響は非常に大きいといえよう。

　都道府県よりも小さな単位での人口動態の予測は、さらに衝撃的なものとなっている。国土交通省が発表した「新たな『国土のグランドデザイン』（骨子）」では、全国を一平方キロメートル単位で細かく区切り、二〇一〇年～二〇五〇年にかけての人口動態の変化を予測している。これによると、現在、人が住んでいる居住地域のうち六〇％以上で人口が半分以下となり、そのなかでも一九％の地域では人が住まなくなるとしている。

一方で人口が増加するのは、主に大都市のわずか二%のみである（図表1―3）。

日本全体で人口が減少していくなか、各地域（都道府県）の中心部こそ、まだ「まし」ではあるが、周辺地域は加速度的に人がいなくなる。コンパクトシティと呼ばれる小さく機能的な街づくりの必要性が提唱されているゆえんでもある。こうした状況下で、地元に根差した地方銀行としてビジネスをどのように行っていくかを考える必要が出てくることになる。

◇少子高齢化が地域経済縮小に拍車

もう一つ、日本の人口見通しを理解するうえで見過ごしてはならないのが、年齢別の人口動態である。「少子高齢化」についは、各所で語られており、人口に占める若年層・高齢層の割合は、

	二〇一〇年		二〇四〇年
若年層（～一四歳）	一三%	⇒	一〇%（▲三%）
高齢層（六五歳～）	二三%	⇒	三六%（＋一三%）

と推移していく。さらに、若年層と高齢層の間に位置する「生産年齢層（一五歳～六四歳）」の減少は地方銀行の将来の経営を考えていくうえで深刻な問題となる。生産年齢人口の減少は、労働力の不足に直結し、地域総生産額の落込みにつながる。また、上の世代からの技術や技能の承継にも支障をきたす懸念がある。何よりも、少子化のなかで生産年齢人口まで少ないとなると、地

図表1－4　年代別の人口将来予測：若年層・生産年齢層が減少するなか、高齢層は増加

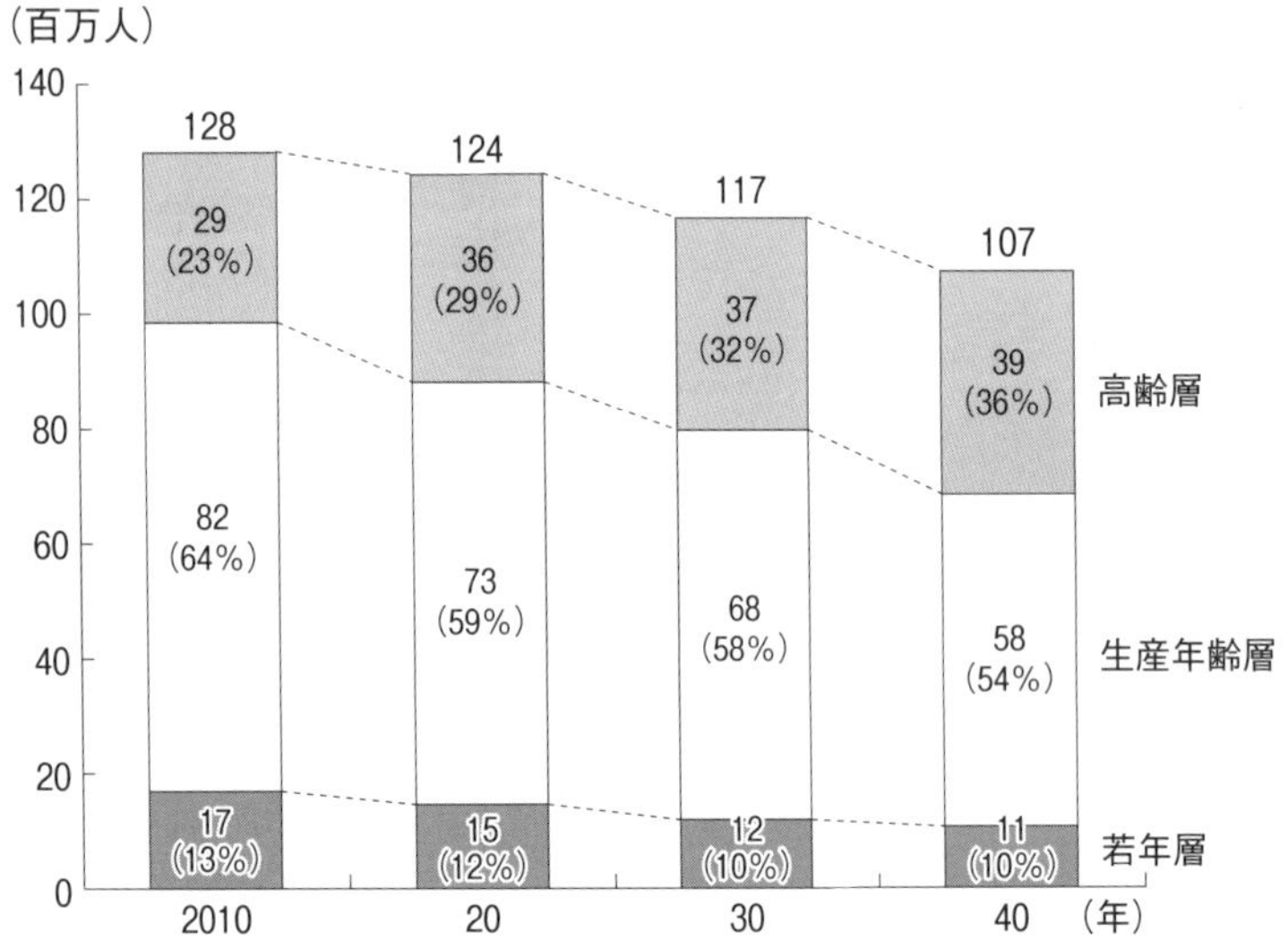

（注）　人口動態は中位推計値。
（出所）　国立社会保障・人口問題研究所

域の大多数は高齢者となり地域の活力は次第に失われていく。

先にみた人口の将来予測を、年代別（若年層＝～一四歳、生産年齢層＝一五歳～六四歳、高齢層＝六五歳～）に分けて整理すると、日本の人口構造変化の特徴がよくわかる。二〇一〇年～二〇四〇年にかけて、総人口は二一〇〇万人（▲一六％）減るなかで、若年層は六〇〇万人（▲三五％）、生産年齢層は二四〇〇万人（▲二九％）それぞれ減少する。一方で、高齢層は一〇〇〇万人（＋三四％）増えるのである（図表1－4）。こ

図表1－5　1972年と2040年の年代別人口：総人口は同程度だが、年齢層の構成比は大きく異なる

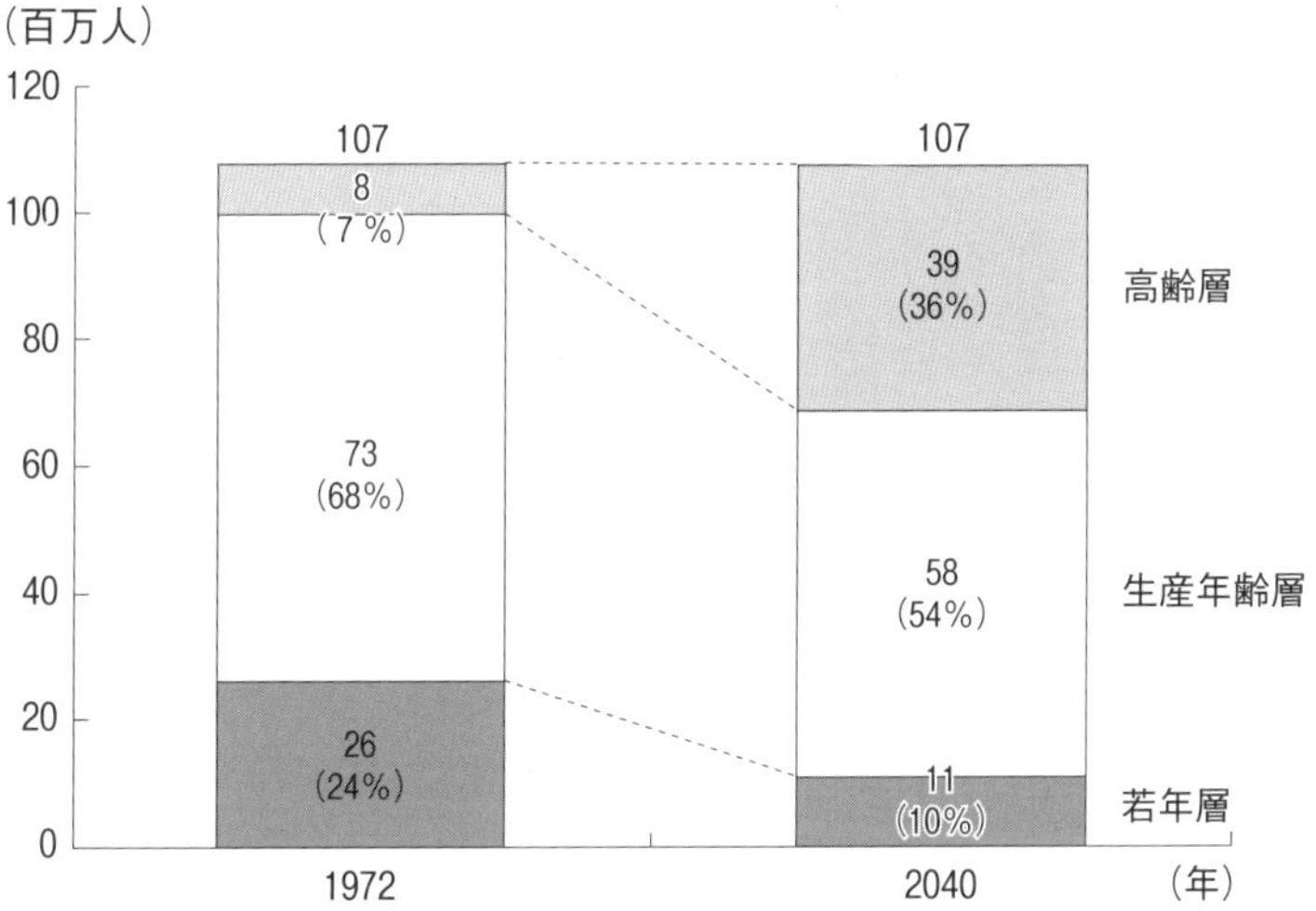

（注）　人口動態は中位推計値。
（出所）　国立社会保障・人口問題研究所

の数字だけをみても、このまま成り行きで行くと、地域経済が勢いを失っていく姿が伝わってくるだろう。先ほど二〇四〇年の総人口は、一九七〇年代初頭と同程度と述べたが、年代別内訳は大きく異なっている。一九七二年は六八％だった生産年齢層の比率は、二〇四〇年には五四％と予測されている（図表1－5）。生産年齢人口が多く、生産・消費の力に富んだ一九七〇年代と、生産年齢人口が少ないうえに守らねばならない高齢層が多い二〇四〇年。日本各地で人口が減少していくなか、その減りを上回るペースで生産・消費を牽引する生産年齢層は

減っていくのである。現時点でさえ、建設業や運送業などでは労働者不足が顕在化しており、復興や景気回復の足かせとなっている。サービス業や医療・介護の現場でも人手不足は深刻な問題になりつつある。この先、さらに生産年齢層が減っていくとなると、本格的な移民の受入れなどの抜本的な策をとらない限り、地域の稼ぐ力は急速に弱まってしまうことが危惧される。

そして、生産年齢人口を都道府県別にもみてみよう。先ほどと同様に、二〇一〇年を一〇〇として二〇四〇年を指数化してみると、総人口でみた数字よりも遥かに落込みが激しいことがわかる。総人口では、指数が七〇を下回るのは二県のみであったが、生産年齢人口では実に三一道県にものぼった。そこには、六九の地方銀行が存在している。また、青森県（五四・九）・秋田県（五二・三）・岩手県（五九・六）・高知県（五九・二）の四県では指数が六〇を割り込むとまで予測されている（図表1－6）。生産年齢人口の減少割合を、そのまま地域総生産の落込みに引き直すのは乱暴ではあるが、長期的にはそれくらいの落込みも視野に入れた地方銀行の経営が求められてくるわけである。なお、長期的とはいったが、二〇四〇年は、本書執筆の二〇一四年に大学を卒業して入行した行員は、まだ五〇歳にもなっていない。採用した責任者として、現在の経営陣が将来を見据え考えなければならない時間軸のなかには十分に入っているといえるだろう。

図表1－6　地域別生産年齢人口推移：総人口より遥かに大きな減少が見込まれる

（単位：1,000人）

地域		生産人口推移（予測）		指数	地域		生産人口推移（予測）		指数
県名	地方銀行数	2010	2040		県名	地方銀行数	2010	2040	
全国	105	81,735	57,866	70.8	三重県	3	1,151	807	70.1
北海道	2	3,489	2,129	61.0	滋賀県	1	908	728	80.2
青森県	2	847	465	54.9	京都府	1	1,684	1,199	71.2
岩手県	3	799	476	59.6	大阪府	4	5,708	4,048	70.9
宮城県	2	1,515	1,065	70.3	兵庫県	2	3,537	2,501	70.7
秋田県	2	641	335	52.3	奈良県	1	880	572	65.0
山形県	3	696	424	60.9	和歌山県	1	600	365	60.8
福島県	3	1,245	755	60.6	鳥取県	1	355	226	63.7
茨城県	2	1,902	1,297	68.2	島根県	2	417	262	62.8
栃木県	2	1,294	878	67.9	岡山県	2	1,191	874	73.4
群馬県	2	1,259	864	68.6	広島県	2	1,788	1,271	71.1
埼玉県	1	4,769	3,476	72.9	山口県	2	861	551	64.0
千葉県	3	4,071	2,878	70.7	徳島県	2	476	289	60.7
東京都	4	8,994	7,129	79.3	香川県	2	606	400	66.0
神奈川県	2	6,028	4,607	76.4	愛媛県	2	865	551	63.7
新潟県	3	1,449	925	63.8	高知県	2	451	267	59.2
富山県	3	665	435	65.4	福岡県	5	3,254	2,369	72.8
石川県	1	733	521	71.1	佐賀県	2	517	360	69.6
福井県	2	491	327	66.6	長崎県	3	862	528	61.3
山梨県	1	535	343	64.1	熊本県	2	1,101	768	69.8
長野県	2	1,286	853	66.3	大分県	2	722	504	69.8
岐阜県	2	1,289	883	68.5	宮崎県	2	684	465	68.0
静岡県	4	2,356	1,594	67.7	鹿児島県	2	1,021	674	66.0
愛知県	3	4,839	3,861	79.8	沖縄県	3	904	763	84.4

（注）　指数は、2010年の生産年齢人口を100としたときの、2040年の比率。
（出所）　国立社会保障・人口問題研究所

◇企業・事業所数の減少で雇用の受け皿が喪失

企業数は、人口が減少に転じた二〇〇八年からさかのぼること約二〇年、一九八〇年代半ばよりすでに減少している。中小企業白書によると、二〇〇九年時点での企業数は約四二〇万社であり、この数は一九七〇年代の初めよりも少ないものとなっている。数だけをみると、現在の経営陣が入行してから山を登り頂上までたどり着き、そしてもとの場所まで下りてきたといったところだろうか。

そして、企業数の減少はすでにすべての地域で起こっている。二〇〇一年~二〇〇九年にかけて、最も減少の多い四国地方で一四%、減少の少ない関東地方でも八%の企業が減っていた（図表1－7）。地域の観点からは、深刻な後継者不足や、大型ショッピングモールに代表される大都市資本の企業が地域へ進出してくる影響を受けて、長年にわたり地元地域で頑張ってきた中小零細の企業が廃業を余儀なくされる構図も続いていくことだろう。

企業の数だけでなく「勢い」をみても、産業を問わず総じて厳しいものとなっている。リーマンショックの前頃までは、輸送用機械・一般機械・電気機械・鉄鋼／非鉄金属といった製造業が日本経済の牽引役となっていた。しかし、リーマンショック以降はこれらの産業も、軒並み勢いを失っており、牽引役不在の状況となっている。将来的には、医療・福祉など高齢化に対応する

図表１－７　地域別の企業数推移：2001年～2009年にかけ、全地域で企業数が減少

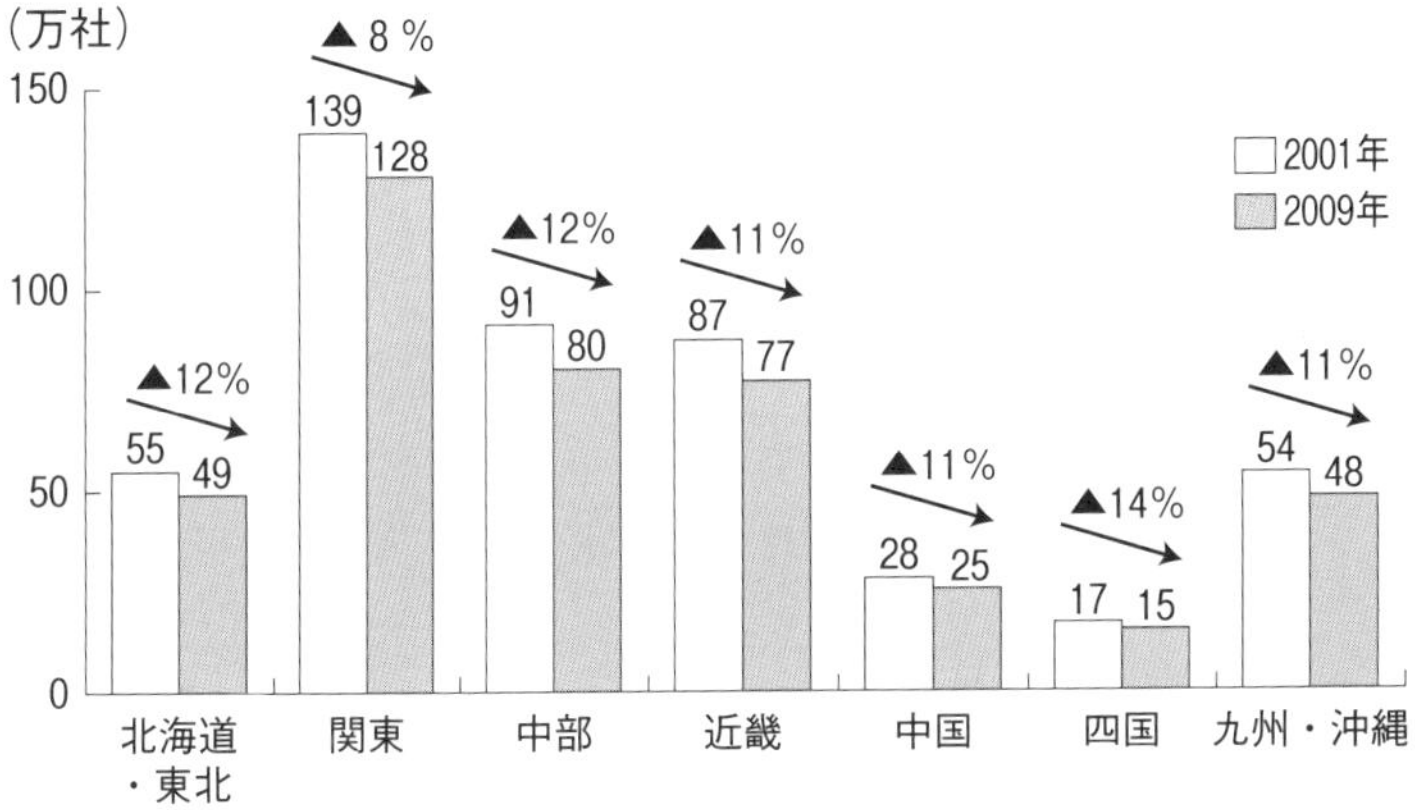

（出所）　中小企業白書

産業や、情報通信産業・対事業所サービスのような効率化あるいは生産性向上に資する産業は伸びが予測されているが、こうした産業はきわめて限定的であり、多くの産業は人口減少やグローバルとの競争激化により横ばい、もしくは落ち込むと見越されているのである。

そして、企業が無事に存続したからといっても、地域経済の安泰にはつながらない。グローバル化による、国内空洞化の流れである。これまでは、製造業での最終製品の組立工程が中心となり、拠点が国内から海外へと移転していた。しかしこれからは、部品や素材産業の海外生産比率も高まると想定されており、国内空洞化はますます進んでいく。新製品の試作・開発など研究部門を有するマ

図表1－8　全国の事業所数の推移：過去10年の傾向に従えば、2030年には企業数は1960年代の水準に

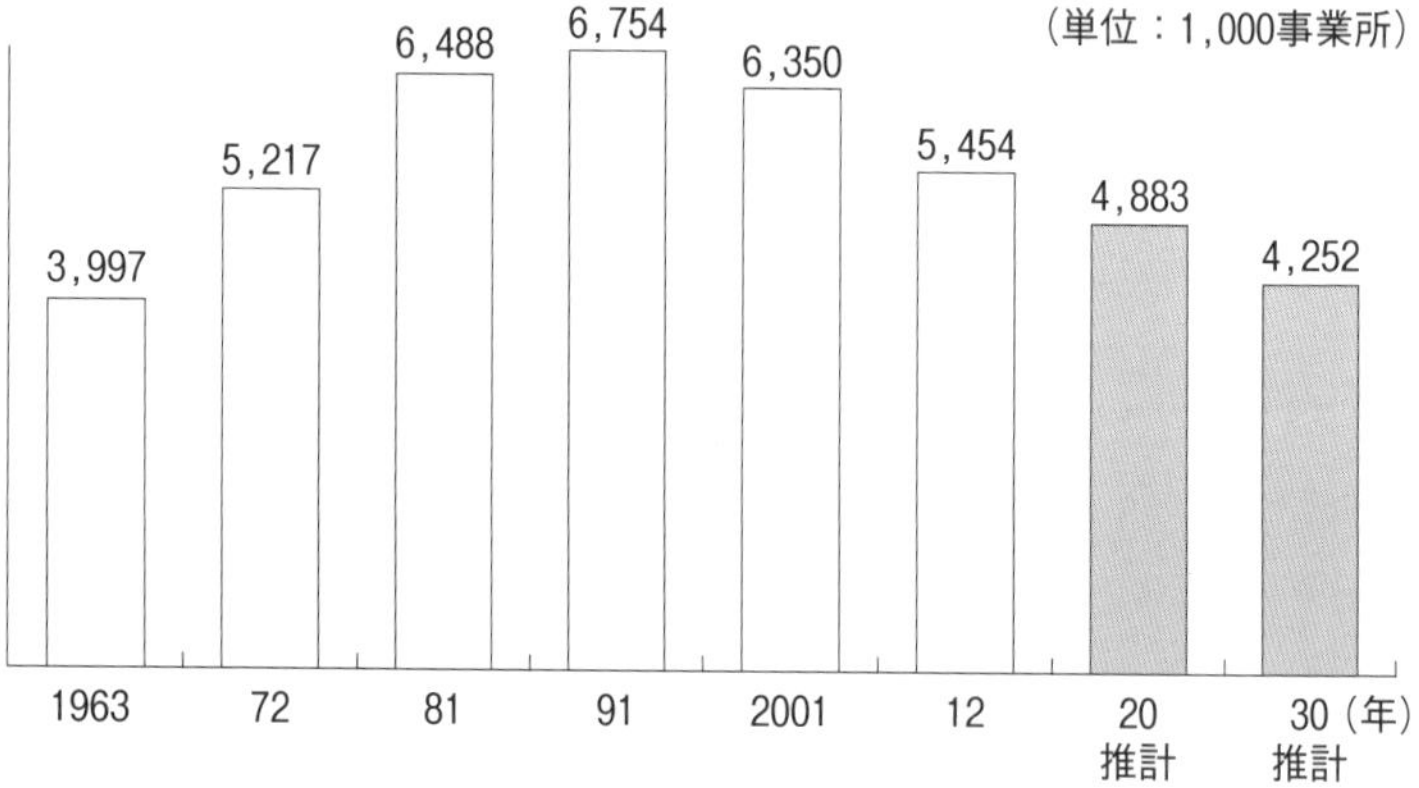

（注）　事業所数は、2001年～2012年の年平均成長率をもとに2020／2030年まで引き延ばして推計。
（出所）　総務省「事業所・企業統計調査」「経済センサス」。A.T. カーニー

ザー工場ぐらいしか国内に残さない企業も出てくることだろう。大企業の工場が閉鎖となると、地域で下請けとなっていた中小企業の業況悪化、さらには雇用の受け皿の喪失と、負の波及効果は大きい。また、製造業に限らずとも、経営の効率化・スクラップ&ビルドの推進のために、地域にある事業所を閉鎖する動きも広まってこよう。実際に、事業所数の減少もすでに始まっており、過去一〇年のペースでこの先も事業所数が減ったとすると、二〇三〇年頃には一九六〇年代と同水準にまで減ると推計される（図表1―8）。

　地方銀行からみると、企業数・事業所数は主として貸出業務にかかわってく

る。企業の資金ニーズは、景況感の影響を強く受けるため、短期的には企業数の多寡と、貸出の多寡とは必ずしも連動しない。しかし、長期的に考えれば、企業数・事業所数という「分母」があったうえでの、景況感の変化であるため、分母の減少に伴って貸出も減少傾向となっていくことだろう。また、雇用機会の喪失という悩ましい課題への直視も必要となる。地元に働く場所がなければ、若者は生活のために地元を離れて都市部へと移動せざるをえない。「地元地域に働く場所がない⇒若者は職を求めて都市部へ行く⇒地元地域の消費は増えず地域経済は衰退⇒地元地域の企業が弱まる⇒地元地域に働く場所がない⇒……（以下同様）」という負のループの完成である。さらには、いつの日か地元地域で暮らす親が亡くなると、相続資産までもが子どもの暮らす都市部へと移動してしまうため、地方部の地方銀行は、預金減少にもいち早く直面することとなる。

日本全体で、人も企業も減少していくなかにあって、日本の構造変化の特徴として、都市部とそれ以外の地域とでの「格差の増大」も進んでくる。地方銀行は、同質的であるといわれてきた。しかし、中長期を見据えると、地盤とする地域の経済環境によって、地方銀行も同質ではいられない時代が近々やってきても不思議ではない。

図表1－9　ジニ係数の推移：所得の格差は現役世代を中心に拡大

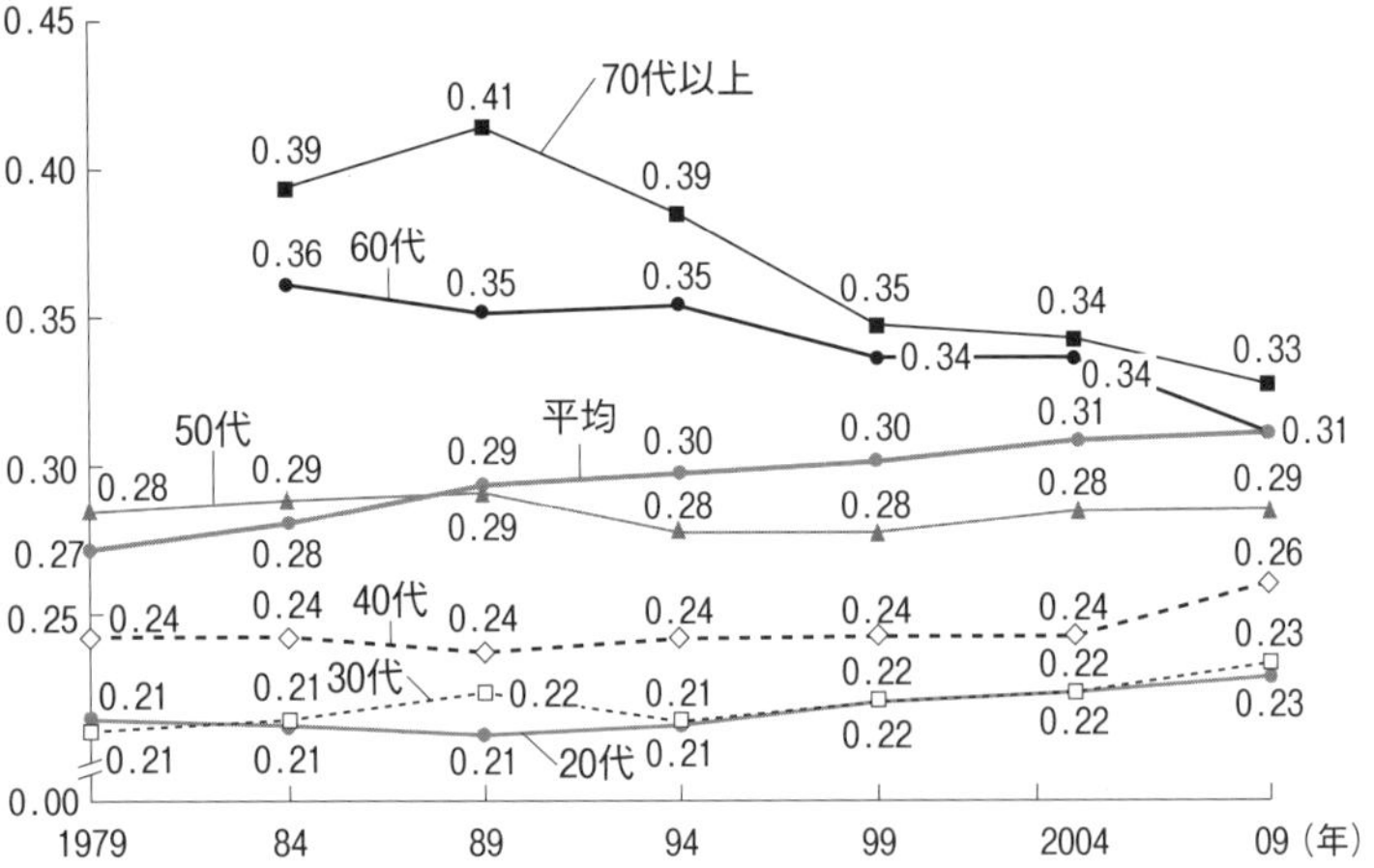

（出所）　全国消費実態調査

◇格差と将来への不安が増大する

格差の増大は、地域という「場所」にだけ生じるわけではない。地域に暮らす「人の生活」でも格差が増大することを把握しておく必要があるだろう。所得の格差を示す「ジニ係数」は、年々、少しずつ拡大傾向にある。世代別にみると、特に現役世代において格差が広がる傾向となっている（図表1－9）。生活保護を必要とする人も、絶対数はそれほど大きくないものの増加傾向にあり、過去二〇年で最も少なかった一九九〇年代半ばと比べると、現在は二倍以上の受給者数となっている。それぞれの地域において、格差がさらに拡大すると地域自体が荒んでしまうことまでもが懸念されてくる。

人の意識の面では、「将来への不安の増大」もふまえておくべき要素となる。日本は世界で有数の長寿国だが、医療技術の発展などにより平均寿命はさらに延びるとみられている。一方で、社会保障費の不足、高齢化の進展を受けて、厚生年金の支給開始年齢は制度発足当初の五五歳から徐々に引き上げられ、現在は六〇歳～六五歳からの受給（生年により異なる）となっている。この先も受給開始年齢の引上げや、公的年金制度自体の抜本的な見直しが行われる可能性は否定できず、現役世代の人は、いったい何歳から、いくらの公的年金がもらえるのか不安を抱いているのが実態であろう。さらにいえば、公的年金に期待すること自体を諦めてしまっているかもしれない。内閣府の実施した意識調査結果をみても、四〇代に対する「あなたは、今後の生活において、貯蓄や投資など将来に備えることに力を入れたいと思いますか。それとも毎日の生活を充実させて楽しむことに力を入れたいと思いますか」という質問に対して、「生活を楽しむ」と答えた割合は一〇年前もいまも約四〇％と変わらないものの、「将来に備える（貯蓄・投資）」と答えた割合は一〇年前よりも一〇ポイント以上増えて五二％となっており、将来への不安に対して備えを優先する意識が強まっていることがみてとれる（図表1－10）。地方銀行としては、貯蓄性商品や資産運用商品のビジネス機会の拡大と前向きにとらえることもできる。しかしながら、消費の低迷・地域に落ちるお金の減少にもつながるため、地域経済の衰退を加速する要因として、マイナスの影響があることも認識しておく必要がある。

図表1－10　国民の意識：将来への不安から、貯蓄・投資に対する意識は強まる

※40代（40歳～49歳）男女

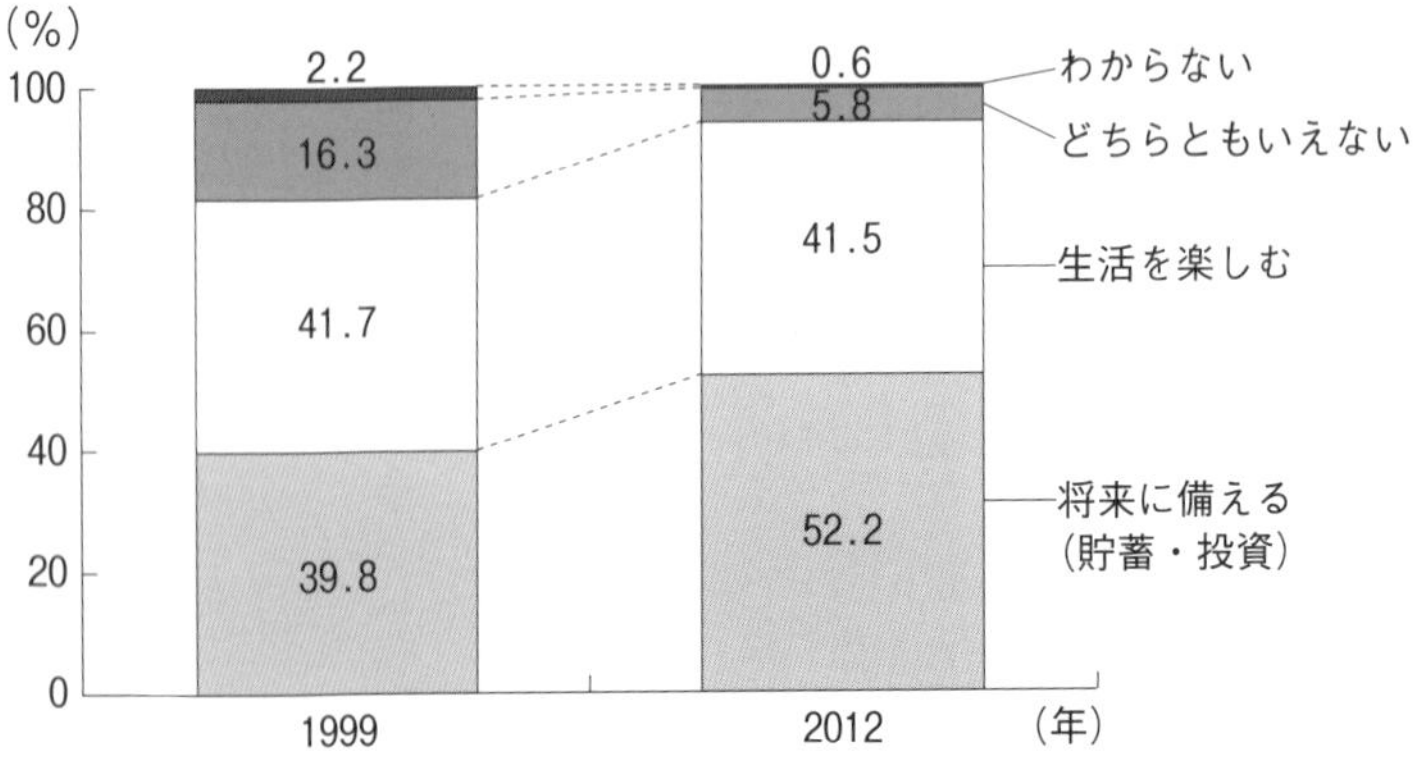

（出所）　内閣府「1999、2012国民生活に関する世論調査」

人の生活という観点からは、従来にも増して「生き方の多様化」が進んできていることも押さえておきたい。団塊世代が定年期を迎えた頃に、この世代との取引獲得をねらうさまざまな業界において「団塊世代は、以前のリタイア層のように一括りにしてニーズを扱うことはできない」ということがいわれていた。同様のことが各年代に起こっており、年代ごとの典型的な生き方を定義することはもはやむずかしく、社会格差に基づく多様なセグメントが発生しているととらえるのが妥当であろう。A・T・カーニーが実施したアンケートをもとに、年代別に金融ニーズに差が生じる年収・金融資産でセグメントをしてみたところ、全部で一六もの生き方にセグメントすることができた（図表1－11）。

図表1－11　生き方のセグメント：金融ニーズに基づく16ものセグメントが存在

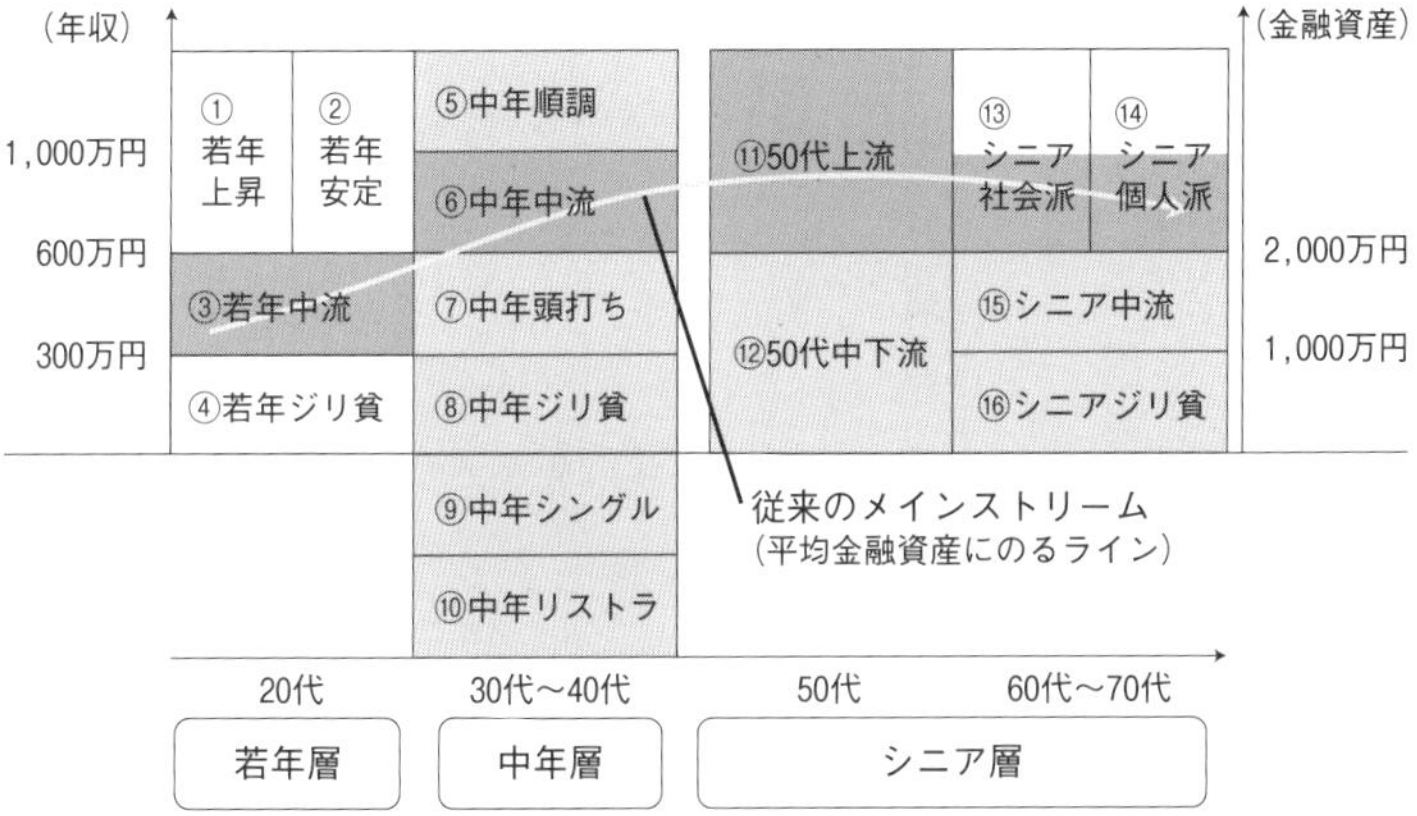

若年層	①若年上昇 ・特徴：キャリアアップ意欲が高く、将来への不安は小さい ・属性：年収600万円以上、大企業社員など	②若年安定 ・特徴：キャリアよりプライベート重視。将来への不安は大 ・属性：年収600万円以上、大企業社員など	③若年中流 ・特徴：比較的堅実な生活をしているが将来への不安は大 ・属性：年収300万円～600万円	④若年ジリ貧 ・特徴：将来より日々の生活を過ごすのに精一杯 ・属性：年収300万円未満、非正規雇用社員など		
中年層	⑤中年順調 ・特徴：昇進が早く将来への不安は小さい ・属性：年収1,000万円以上、大企業社員など	⑥中年中流 ・特徴：安定的に昇進し、将来への不安も小さめ ・属性：年収600万円～1,000万円、大企業社員など	⑦中年頭打ち ・特徴：昇進が進まず、収入面など将来への不安は大 ・属性：年収300万円～600万円以下	⑧中年ジリ貧 ・特徴：将来より日々の生活を過ごすのに精一杯 ・属性：年収300万円未満、非正規雇用社員など	⑨中年シングル ・特徴：結婚意思がなく、将来の収入面で不安は大 ・属性：年収300万円～1,000万円中心	⑩中年リストラ ・特徴：リストラを経験。ローン負担への不安は大 ・属性：年収600万円～1,000万円中心
シニア層	⑪50代上流 ・特徴：収入の不安は小さいが、ローンの不安はあり ・属性：金融資産1,000万円以上、大企業社員など	⑫50代中下流 ・特徴：将来への不安は大 ・属性：金融資産1,000万円未満	⑬シニア社会派 ・特徴：社会貢献願望大 ・属性：金融資産5,000万円以上中心	⑭シニア個人派 ・特徴：個人的な趣味へ消費。将来への不安は小さい ・属性：金融資産2,000万円～5,000万円中心	⑮シニア中流 ・特徴：収入の不安は小さいが、ローンの不安は大 ・属性：金融資産1,000万円～2,000万円	⑯シニアジリ貧 ・特徴：将来への不安大きく、労働続ける傾向 ・属性：金融資産1,000万円未満

（出所）　A.T. カーニー

また、核家族化や地縁・血縁に基づくコミュニティが希薄化するのに対して、インターネットやソーシャル・ネットワーキング・サービス（SNS）の活用、趣味に基づくサークルなど、生活の場において従来とは異なる新たなコミュニティが現れてきている。こうした、生き方の多様化や新たなコミュニティの登場は、旧来型の顧客ターゲティング・画一的なアプローチの限界を意味している。地方銀行のもつ価値観を一方的に押し付けたとしても、それに反応する層はごく限定的となろう。裏を返せば、多様化したセグメント・ニーズへの対応機会の拡大であり、どこまで顧客のことをきちんと理解して、価値観に寄り添えるかが問われる時代となってきたといえる。

3 競争環境：新旧入り乱れて競争は激化

地方銀行にとって、競争環境の変化も軽視することはできない。地方銀行同士での競争が激しさを増すうえに、大きな流れとして「銀行でなければできないこと」が、減ってきていることにもっと目を向けておく必要がある。

◇地方銀行同士でパイの奪い合いが激化

同じ都道府県内にある地方銀行同士では、従来は資金量・規模の差に起因する大口融資への対応力や、特徴の違い（典型例としては「格式のある」第一地銀と、「親しみやすい」第二地銀）からくる営業スタイルの差異（足回りのよさをウリにするか、等）により、結果として対象となる顧客層は、それなりに棲分けができていた。しかし近時では、第一地銀も規模の小さな企業を訪問対象に組み入れ、しかも足回りを重視するようになってきたため、地域内での競争の同質化が起きている。「お殿様だった○○銀行（第一地銀）も、最近はだいぶ親しみやすくなったよ」という顧客の声を耳にする機会も増えてきた。親しみやすさは、伝統的に第二地銀が強みとしてきた領域ともいえるため、第二地銀のほうが受けるダメージは大きいといえよう。

また、県境をまたいでの他県勢との戦い（攻め・守り）も、激しくなるだろう。二〇一三年三月時点の地方銀行の店舗展開をみると、近隣と比較して相対的に市場環境のよい都道府県では、他県を基盤とする地方銀行の支店比率が高くなっている（図表1－12）。東京都は例外として除くと、比率が二〇％を超えているのは一三府県ある。このうち、鳥取県（五四％）は島根県・鳥取県の両県を地盤とする山陰合同銀行の影響、滋賀県（四〇％）はびわこ銀行と合併した関西アーバン銀行の影響、石川県（三五％）は北陸三県を地盤とする北陸銀行の影響と、個別事情があ

図表１－12　他県地銀の支店比率：周辺と比較して市場環境のよい地域では、他県からの進出が顕著になっている

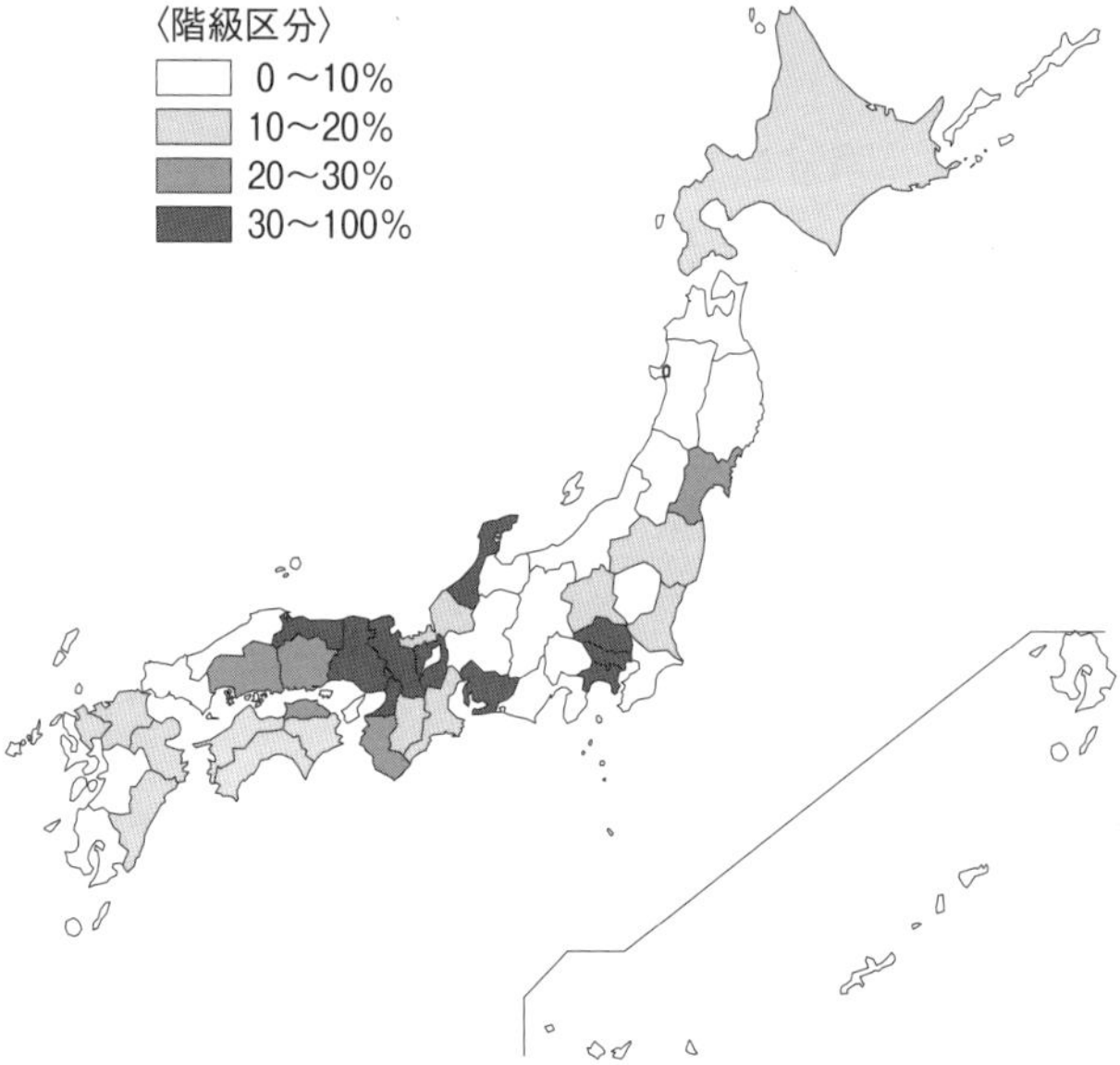

（出所）「ニッキン資料年報2014」

る。残る埼玉県は五九％、愛知県四〇％、兵庫県三六％、神奈川県三六％、兵庫県三六％、大阪府三四％、京都府三三％、宮城県二三％、岡山県二三％、香川県二一％、広島県二一％と、いずれも周辺県に比べて市場環境のよい地域では、他県を地盤とする地方銀行の支店比率が高いことがデータ上からも明確になっており、すでに競争が激しいことがわかる。

先にも述べたように、将来に向けて地域間の格差は拡大していく。そのため、市場環境が相対的によい地域では、近隣県の

地方銀行が資源配分をさらに強化して攻め込んでくるだろう。地元経済の落込みが大きいほど、他県にはエース級の人材を投入してくることも考えられる。攻める側は失うものはなくプラスのみ。守る側は失うのみとなる。市場環境が恵まれているからといって、決して安穏とすることはできないのである。さらに、他の地域からの攻撃勢は、融資において地元の地方銀行よりも価格競争力のある低い金利を提示することも多い。これに対抗するため、迎え撃つ地元勢もやむなく金利を下げざるをえない構図が続くなかでは、貸出金利回りの低下に歯止めがかからず、利益を稼ぎにくい体質からの脱却もむずかしい。

また、長らく議論されている「道州制」は、実現の有無・タイミングは依然として不透明なままであるが、実施いかんによっては地域での競争環境はさらに変わりうる。すでに県をまたいだ競争は当たり前のものとなっているが、これまで他県勢であった競争相手が、道州制によ り同じ「地元」の地方銀行となる。こうなると、攻める側は遠慮なく「地元の地方銀行」として大手を振って営業攻勢をかけてくるだろう。守る側は、これまでは「われわれは地元ですから、最後まで面倒をみます」という顧客への口説き文句を使えていたが、これがいつまでも効果を発揮するかは疑わしい。さらに、道州制の影響は、地方公共団体との取引にも影響が起こりうる。現在は、一部の例外こそあれ、基本的には地元の地方銀行を指定金融機関としてきた地方公共団体ではあるが、道州制により地元の定義が拡大することになれば、「新たな地元」の地方銀行を指定金融機関として指名するケースが出てきても不思議ではない。この点は、相対的に力をもった地方銀行にとってはビジネスチャンスの拡大となり、それ以外の地方銀行はリスク要因となる。

◇貸出領域にも迫るゆうちょ銀行の足音

将来の競争環境を考える際には、ゆうちょ銀行の動向にも目を配っておかなければならない。ゆうちょ銀行の代理店として業務を行っている郵便局は、全国でざっと二万四〇〇〇局強あり、単純計算すると一都道府県当り五〇〇局以上と、地方銀行を遥かにしのぐ、地域に密着した巨大なネットワークを有している。また、ゆうちょ銀行の一部の直営店では、スルガ銀行の住宅ローン・カードローン・フリーローンを代理業者として媒介している。

これまで、地方銀行が預金を増加させてきた背景には、ゆうちょ銀行からの貯金流出も一因としてあった。しかし、郵便貯金残高の推移をみると、貯金流出はすでに底を打ったと考えるべきだろう（図表1－13）。

さらに、株式上場、完全民営化をにらんでの動向次第では、ゆうちょ銀行は大きな脅威になりうる。現在、ゆうちょ銀行はさらなる安定的な収益源を確保するために、①個人向け貸付業務（住宅ローン、カードローン、目的別ローン）、②法人等向け貸付業務および手形割引、③住宅ロー

図表1－13　ゆうちょ銀行の概況と今後の展望：ゆうちょ銀行からの貯金流出はすでに底を打った

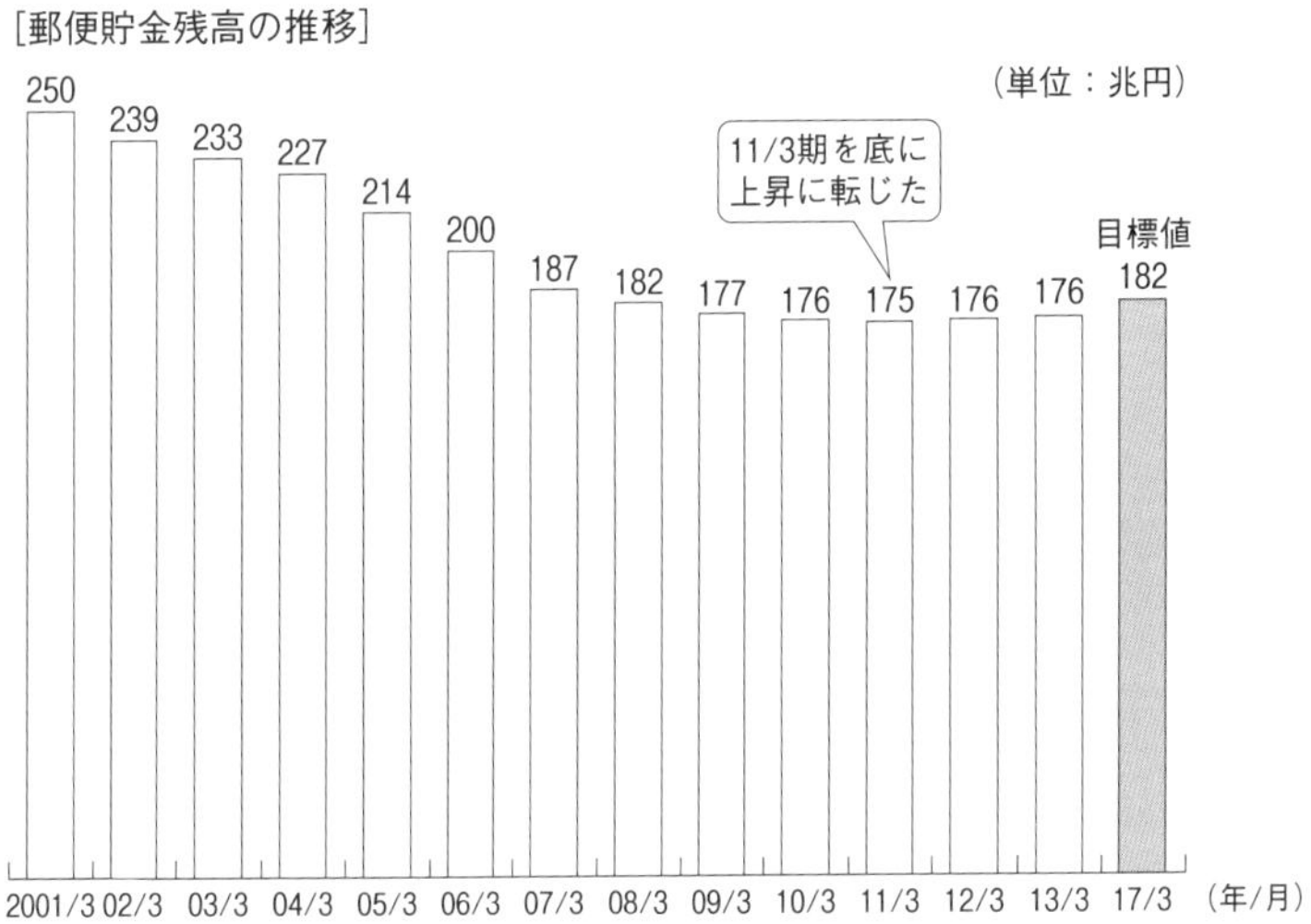

(出所)　日本郵政ホームページ、ゆうちょ銀行ホームページ

ンに伴う損害保険募集業務の三業務の認可申請をしている。認可に関しては、政府がゆうちょ銀行の株式を間接保有していることから暗黙の政府保証による競争優位を問題視する声や、貸出業務を行うにあたっての管理態勢の未構築を問題視する声などがあり、どのタイミングでなされるかはいまだ不透明ではある。認可が下りたとしても、住宅ローンや中小企業向け貸出にはノウハウが必要であり、すぐに大きな成果につながるとは思えない。しかし、五年、一〇年という時間軸のなかではノウハウ不足も解消され、ゆうちょ銀行の有する圧倒的なネットワーク・親近感は、地方銀行の大きな脅威

となるだろう。また、もっと短い時間軸のなかでは、すでに有する機関投資家としてのノウハウを活かしながら、大企業向けのシンジケートローンに積極的に取り組むことで、結果として地方銀行からシェアを奪う可能性も否定できない。こうなると、地方銀行の貸出の伸びも、早晩、減少に転じてしまう。

いずれにしても、これまでの地方銀行の競争環境を大きく変える可能性のある存在として、ゆうちょ銀行の動向には今後も注視しておかなければならない。

◇異業種に金融機関固有の役割を奪われる

地方銀行の競争環境を考えるにあたって、金融機関との競争のみをとらえていては不十分である。この一〇年を振り返ってみても、金融機関でないとできない業務は明らかに減ってきた。異業種が進出してくる際には、顧客（利用者）の有する不満や不便を探し出し、そこに挑んでくるのが常套手段となるので、異業種の提供する新たなサービスは、金融機関がこれまで提供してきたサービスと比べると、総じて使い勝手もよい。

その最たる例は、窓口手続である。金融機関の窓口に行くと、受付整理札をとり、順番が来るまで待ったうえで名前を呼ばれて伝票を提出し、処理が終わるまで再び待って、ようやく用向きを終えることができる。しかも、これができるのは平日の九時～一五時の間に限ってである。長年の積重ねのなかで、顧客のなかには金融機関の窓口は混んでいて時間がかかる場所、というすり込みがされてしまっている。他方、コンビニで手続が可能な振込みや納税であれば、三六五日・二四時間、いつでも都合のよいときに立ち寄り、レジに伝票を出してバーコードでピッと読み取ってもらえれば、それで手続は完了である。利用者としてみれば、圧倒的にコンビニのほうが便利なのは言うまでもない。もちろん、この違いの背景には金融機関とコンビニの規制の差が存在している。一日の終わりの締めで一円の違算も許されない金融機関と、多少の違算は許容の範疇にあるコンビニの違いともいえよう。しかし、利用者には規制や文化の差などは関係なく、どちらが便利で、必要なことをストレスなくできるか、ただそれだけである。通帳現物・書類現物を重視する世代が少なくなりゆくなかにあって、「手続の場」としての金融機関の窓口は、「コンビニやインターネットで処理ができないので、やむなく行く場所」という動きが加速していくだろう。

そして、例にあげた窓口手続だけでなく、「預かる」「貸す」「決済する」「送金する」といった地方銀行が提供している機能でも、異業種からの参入は進みつつある。順番に、概要を確認してみよう。

① 預かる

狭義での「預かる」という面では、異業種からの参入の影響はあまり考える必要はなさそうである。しかし、顧客がお金を貯める・殖やすための手段として考えると、証券会社の資産運用商品や、生命保険会社の貯蓄・運用型保険（例：最低保証額付きの一時払変額年金保険）など、代替手段は多数存在している。顧客の投資意欲は、リーマンショックにより冷え込み、アベノミクス・ＮＩＳＡにより盛上がりと上下動の波はあるが、大きなトレンドとしては「貯蓄から投資」の流れは進んでいくだろう。地方銀行にとっては、投資信託や生命保険の販売による手数料収入の拡大につながる半面、預金は減少となる可能性が高い。

② 貸　す

フェイスブックやツイッターなどのＳＮＳの普及も受け、「共感」に基づいて、銀行を介さずに「お金を借りたい人」と「貸したい人」を結びつける、クラウドファイナンス（厳密には、クラウドファンディング、ソーシャルレンディングなどあるが、ここでは便宜的に総称してクラウドファイナンスと呼ぶ）の仕組みが、姿を現しつつある。クラウドファイナンスは、資金提供者へのリターンの形態により「寄付型」（リターンなし）、「購入型」（資金提供の対象商品等を受取り）、「貸付型」（金利を受取り）、「投資型」（事業収益からの分配金を受取り）と四つの類型に分けられ（図表１－14）、日本では「購入型」の事業者が最も多い。しかし、新規・成長企業へのリスクマネー供給を促進する観点から、金融審議会で金融仲介機能を充実させる取組みとして「投資型」のさらなる活用ができないかの議論がされるなど、今後に向けて「購入型」以外のクラウドファ

図表1－14　クラウドファイナンス：4つの類型に分けられる

	寄付型	購入型	貸付型	投資型
概要	・事業者がプロジェクトを掲げて寄付を募り、寄付者へ事業の経過を報告する	・事業者が購入者から集めた資金を元手に製品を開発し、プロジェクトの進行に応じて購入者へ製品を提供する	・運営会社が投資家から出資を募り、特命組合契約に基づいて投資家はリスクを把握したうえで融資を行う	・投資家はリスクを把握したうえで配当やキャピタルゲインを受け取る（仕組みは貸付型と同様）
リターン	・なし	・製品・サービス	・金利	・事業収益
1人当り投資額	・1円～／1口（任意）	・約1,000円～／1口	・約1万円～／1口	・約1万円～／1口
主な資金調達先	・被災地 ・個人（主に発展途上国） ・小規模業者	・被災地支援事業 ・障がい者支援事業 ・ゲーム制作事業者等	・個人 ・不動産の取得資金 ・飲食店の開業資金	・音楽事業 ・食品・酒造・衣料品事業等
事例	・Just Giving Japan －世界最大の寄付サイト	・CAMPFIRE －クリエイティブな制作物の購入仲介サイト	・maneo －少額・短期・高利回りの事業性投資が対象の資金調達仲介サイト	・ミュージックセキュリティーズ －少額投資のプラットフォームを運営

（出所）「金融審議会2013/6/26開催事務局資料」金融庁、各社ホームページ

イナンスが拡大していく可能性はある。

なお、クラウドファイナンスは、金融機関の活用を否定するわけではなく、協業形態もとりうる。実際に、地方銀行が地域経済・地域文化を担う企業を投資先の候補としてクラウドファイナンスの運営事業者に紹介する連携もすでに行われている。本来的には、新規・成長企業へのリスクマネーの出し手こそ、地方銀行に期待される役割ではあるが、なんらかの理由で、自行ではリスクマネーを供給できない場合には、こうした事業者との連携も重要な施策の一つとなる。

地方銀行は、新規・成長企業を見つけてくる能力を高めるとともに、地域企業の育成や地域活性化を進める際のパートナー候補の観点からも、クラウドファイナンスの今後の展開には気を配っておくべきである。

「貸付型」事業者の例：maneo

「maneo」は、二〇〇八年一〇月にサービス開始した「貸付型」の事業者である。従業員は、役員を含め七名（二〇一四年七月現在）と少人数で運営され、「熱い思いを持つ事業者

図表１－15　貸付型クラウドファイナンスの事例：maneoは、少額・短期間・高利回りの投資を募り、資金提供

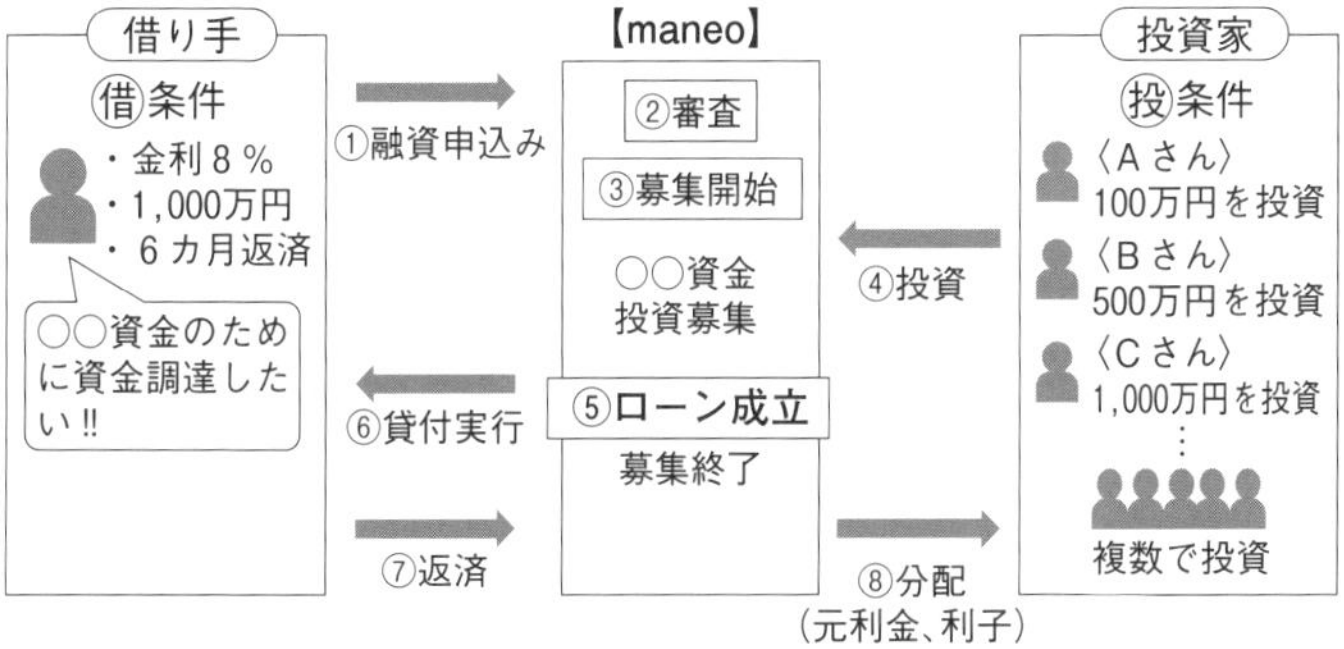

（出所）　maneoホームページ

に、投資家が安心して投資できるインフラの提供」をビジョンに掲げている。

ｍａｎｅｏの審査を通過した事業性資金の投資案件に対し、ユーザー（投資家）から少額（二口二万円～）・短期間（最短二カ月～最長三六カ月）・高運用利回り（年五・〇％～年八・〇％）の条件で資金を募り、中小企業への資金提供を支援している（図表１－15）。サービス提供開始から六年弱で、成立ローン総額は一八〇億円を突破し、登録ユーザー（投資家）数は二万七〇〇〇人を超えている（二〇一四年七月現在）。

「投資型」事業者の例：ミュージックセキュリティーズ

図表1－16　投資型クラウドファイナンスの事例：ミュージックセキュリティーズは地方銀行とも連携を進める

［資金供給トライアングル］

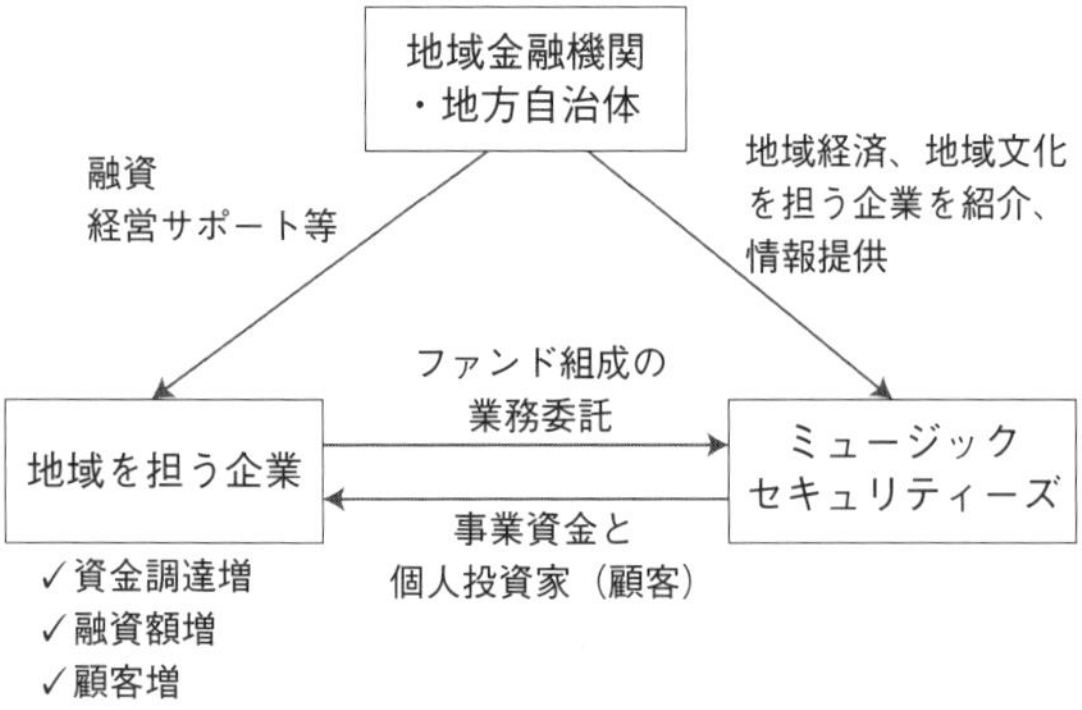

（出所）　金融庁金融審議会「新規・成長企業へのリスクマネー供給のあり方等に関するワーキンググループ」

ミュージックセキュリティーズは、もともとは音楽ファンドを運営する会社であったが、後に投資領域の拡大を行い二〇〇九年より少額投資のプラットフォームとなる「セキュリテ」の運営を開始した。案件に応じて一口一万円〜二万円からの申込みができる。これまでの実績は、概算で募集総額四五億円、事業者数一七四社、ファンド数二八五本（二〇一四年七月現在）となっている。

投資先候補の発掘や、事業者・出資者向けセミナーの開催などで、地域金融機関や地方自治体との連携も進めている（図表1－16）。

クラウドファイナンスは、資金提供者を広く募る仕組みであるが、これとはまったく別の仕組みで、特定の事業者が、特定先に対して資金の貸出を行うケースも目につくようになってきている。典型例は、インターネット通販のプラットフォームを提供する事業者による、出店企業への運転資金の貸出である。

楽天は、楽天市場への出店事業者に対して、グループの楽天カードを通じて五〇万円～三〇〇〇万円（二〇一三年四月のサービス開始当初は、一〇〇万円～一〇〇〇万円）の範囲で、実質年利三・〇％～一五・〇％（当初は八・〇％～一五・〇％）で運転資金を融資する「楽天スーパービジネスローン」を取り扱っている。申込みにあたって来店は不要で、審査結果は最短で三営業日での回答となっている。

アマゾンも、アマゾン・マーケットプレイスに参加している事業者を対象に、短期運転資金を貸し出す「アマゾン・レンディング」を二〇一四年二月から開始した。融資額は一〇万円～最大五〇〇〇万円まで可能で、初回申込み時には最短五営業日、二回目以降は最短で三営業日での入金を可能としており、出店事業者のタイムリーな資金ニーズに対応しようという意図がみてとれる。

③ 決済する

決済機能は銀行の伝統的な機能の一つであるが、最近では決済の主要プレイヤーとして銀行以

図表1－17　電子決済市場規模の推移：今後も成長が予測される

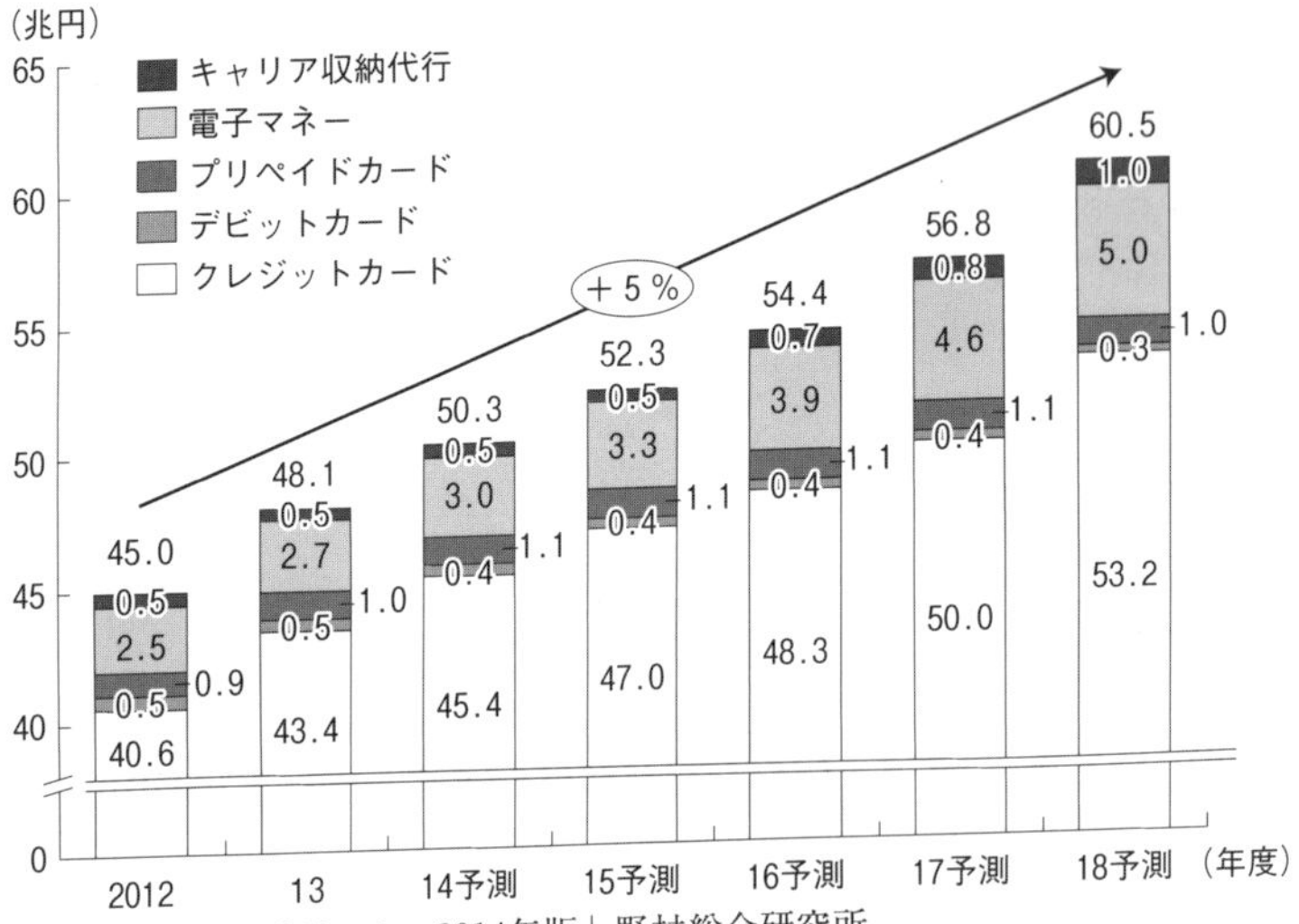

（出所）「ITナビゲーター2014年版」野村総合研究所

外の名前を目にする機会が増えている。

鉄道会社系の電子マネー（JR東日本のSuica等）や、携帯電話に組み込まれた電子マネー（おサイフケータイ）など、小口決済を中心に電子決済を用いることはもはや珍しくなく、電子決済市場は、電子マネーやキャリア（通信事業者）収納代行を中心に今後も成長が予測されている（図表1－17）。また、電子決済以外でも、コンビニによる公共料金等の収納代行や、宅配便業者による収納代行など、リアルな場での金融機関以外を窓口とした決済も、定着したといえよう。

決済手段の変化は、中小企業や個人

図表1－18　モバイル決済の主要サービス：初期・月額費用が無料のサービスが増加し、導入ハードルが下がった

	Square	PayPal Here	楽天スマートペイ	Coiney
初期費用	・無料	・実質無料 ―カードリーダー金額相当のキャッシュバック	・無料	・無料
月額費用	・無料	・無料	・無料	・無料
手数料	・3.25％（スワイプ） ・3.75％（カード情報直接入力）	・3.24％	・3.24％	・3.24％
入金のタイミング	・翌日（みずほ銀行、三井住友銀行） ・週1回（その他）	・最短3日	・翌日（楽天銀行） ・振込申請（その他）	・月6回

（出所）　各社ホームページ

事業主のもとでも現れている。スマートフォンに簡易なカード読取り端末を取り付け決済を行う、モバイル決済（スマホ決済）の普及である。以前は、カード読取り端末の代金として数万円が必要だったうえに、保証金も必要であり、中小企業や個人事業主には導入ハードルが高く、モバイル決済の普及の阻害要因となっていた。しかし、現在は初期費用・月額費用ともに無料が主流となっており、決済手数料も三・二四％～三・二五％と従来の決済サービスと比べて二ポイント～三ポイント低い。また、入金までの期間も、最短で翌日、遅くとも一週間程度と中小企業・個人事業主の重大な関心事である資金繰りの懸念にも対応

したものとなっているため（図表1－18）、市場は急成長をみせている。すでにICカードベンダー、決済サービスベンダー、ITベンダー、カード会社等が激しい競争を繰り広げており、モバイル決済の市場は今後ますます拡大していくだろう。

④ 送金する

二〇一〇年に施行された資金決済法により、銀行以外の一般事業者による送金サービスへの参入が可能となった。たとえば、NTTドコモが提供している「ドコモ口座」は、資金の送り手と受け手の双方がドコモ回線の契約者であれば、受け手の携帯電話番号と名前（携帯電話の名義の先頭二文字（高橋昌裕宛てであれば、「タカ」）を入力するだけで送金できる。送金方法は、資金をプールしておくことのできるドコモ口座からの送金（一カ月当りの送金限度額は合計二〇万円）か、携帯電話料金と一緒の支払（一回線当りの送金可能枠は合計一万円または二万円）かの選択ができる。受け取った側は、自身の携帯料金への充当や銀行口座への払出しのみならず、ドコモ口座からの引落しに対応したショッピングにも活用ができるなど、単なる送金サービスの枠を超えて決済機能への拡充がみられている（図表1－19）。

このように、技術の進歩や法律の改正などを受けて、銀行が伝統的に提供してきた機能を、異業種も提供する動きが拡大してきている。この動きは、今後も拡大が予測され、後から提供

図表１－19　ドコモ口座：送金サービスの枠を超え、決済機能へも拡充

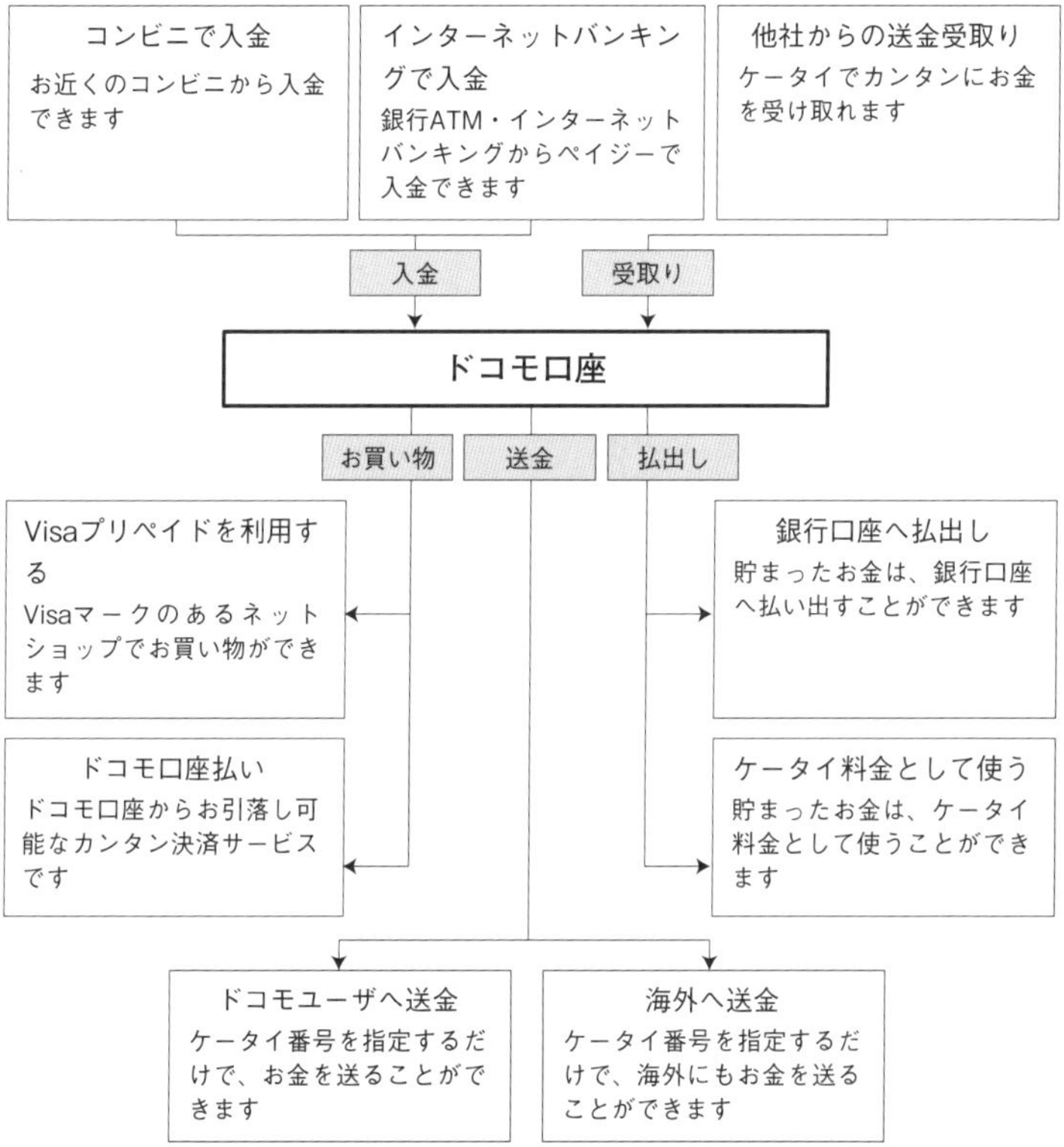
コンビニで入金
お近くのコンビニから入金できます
インターネットバンキングで入金
銀行ATM・インターネットバンキングからペイジーで入金できます
他社からの送金受取り
ケータイでカンタンにお金を受け取れます
入金
受取り
ドコモ口座
お買い物
送金
払出し
Visaプリペイドを利用する
Visaマークのあるネットショップでお買い物ができます
ドコモ口座払い
ドコモ口座からお引落し可能なカンタン決済サービスです
銀行口座へ払出し
貯まったお金は、銀行口座へ払い出すことができます
ケータイ料金として使う
貯まったお金は、ケータイ料金として使うことができます
ドコモユーザへ送金
ケータイ番号を指定するだけで、お金を送ることができます
海外へ送金
ケータイ番号を指定するだけで、海外にもお金を送ることができます

（出所）NTTドコモホームページ

するプレイヤーほど〝いいとこどり〟をして、顧客にとって使い勝手がよいものを提供してくる。地方銀行としては、収益源の低下要素もあれば、異業種プレイヤーとの連携によりサービス提供力の強化につなげられる可能性もある。また、異業種プレイヤーの新たなサービスに学び、自身が提供するサービスの改良につなげていくこともできる。いずれにしても、競争環境が激化、そして多様化し、これまで地方銀行が果たしてきた伝統的役割が失われていく流れのなかで、地方銀行はこの先、どのような価値を提供していくのかを考えていかなければならないだろう。

4 地方銀行は利益を稼ぎにくい事業構造

環境整理の最後に、地方銀行自身の業績を整理することで、事業環境の確認をしておく。

◇貸出金利の低下で本業利益の減少が続く

地方銀行（第一地銀＋第二地銀）全体での「当期純利益」は、リーマンショックの影響を受けた二〇〇八年度決算こそ赤字を計上したものの、それ以外の年では一〇年近く数千億円規模で黒

図表１－20　地方銀行の当期純利益：リーマンショックの年を除き数千億円規模の黒字が続く

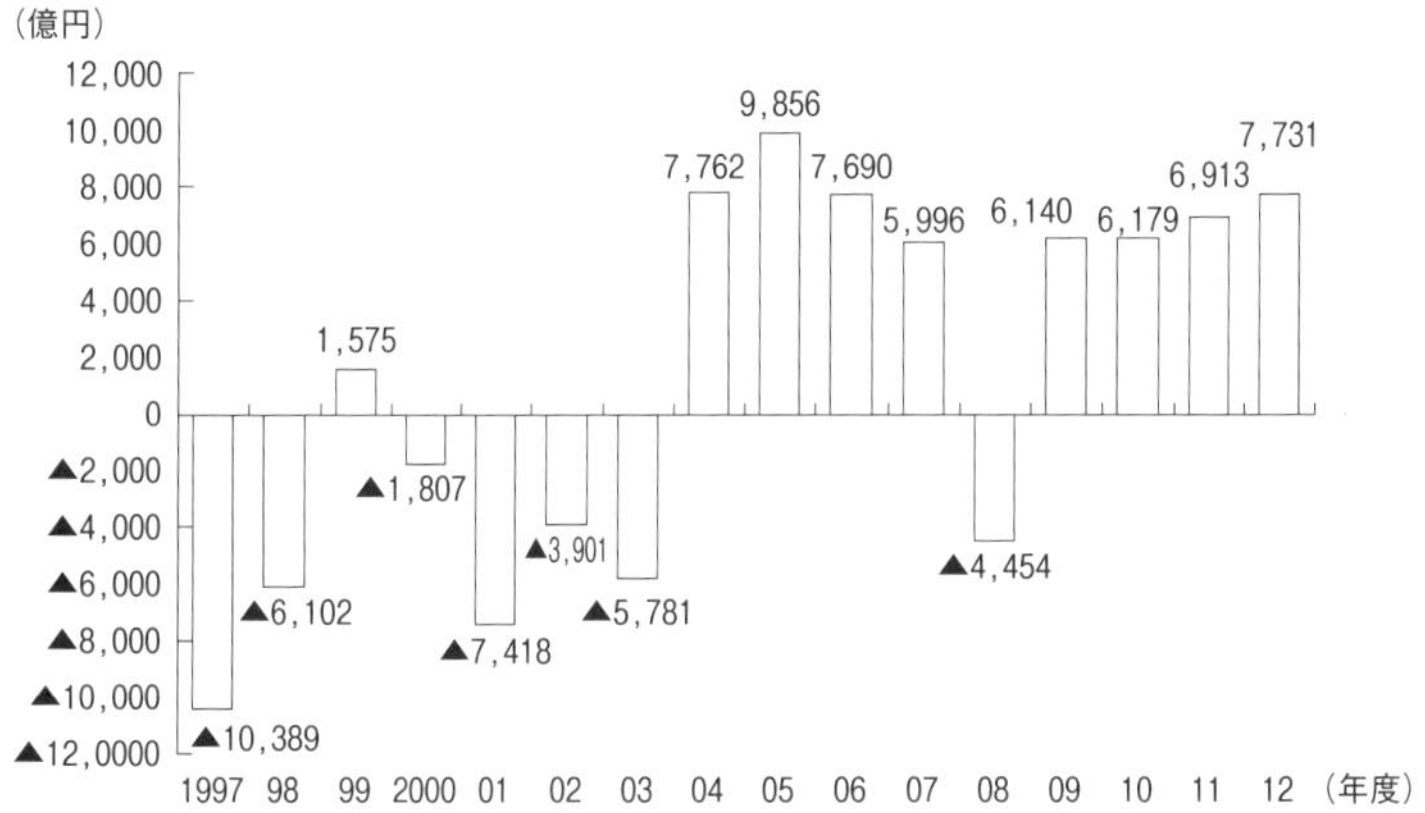

（出所）　全国銀行協会「全国銀行財務諸表分析」

図表１－21　地方銀行のコア業務純益：2006年をピークに減益が続く

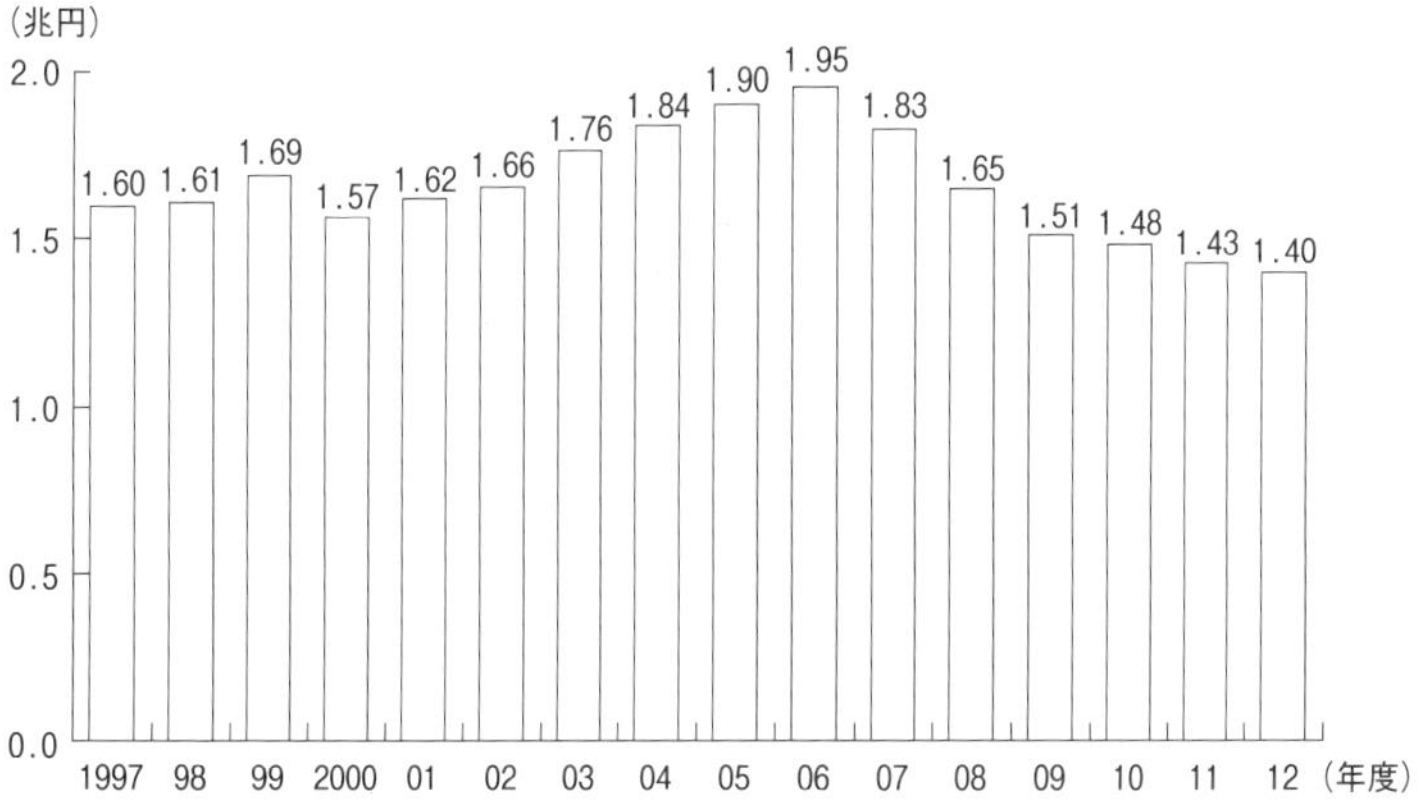

（出所）　全国銀行協会「全国銀行財務諸表分析」

図表１－22　地方銀行の資金利益：貸出関連利益を中心に減少続く

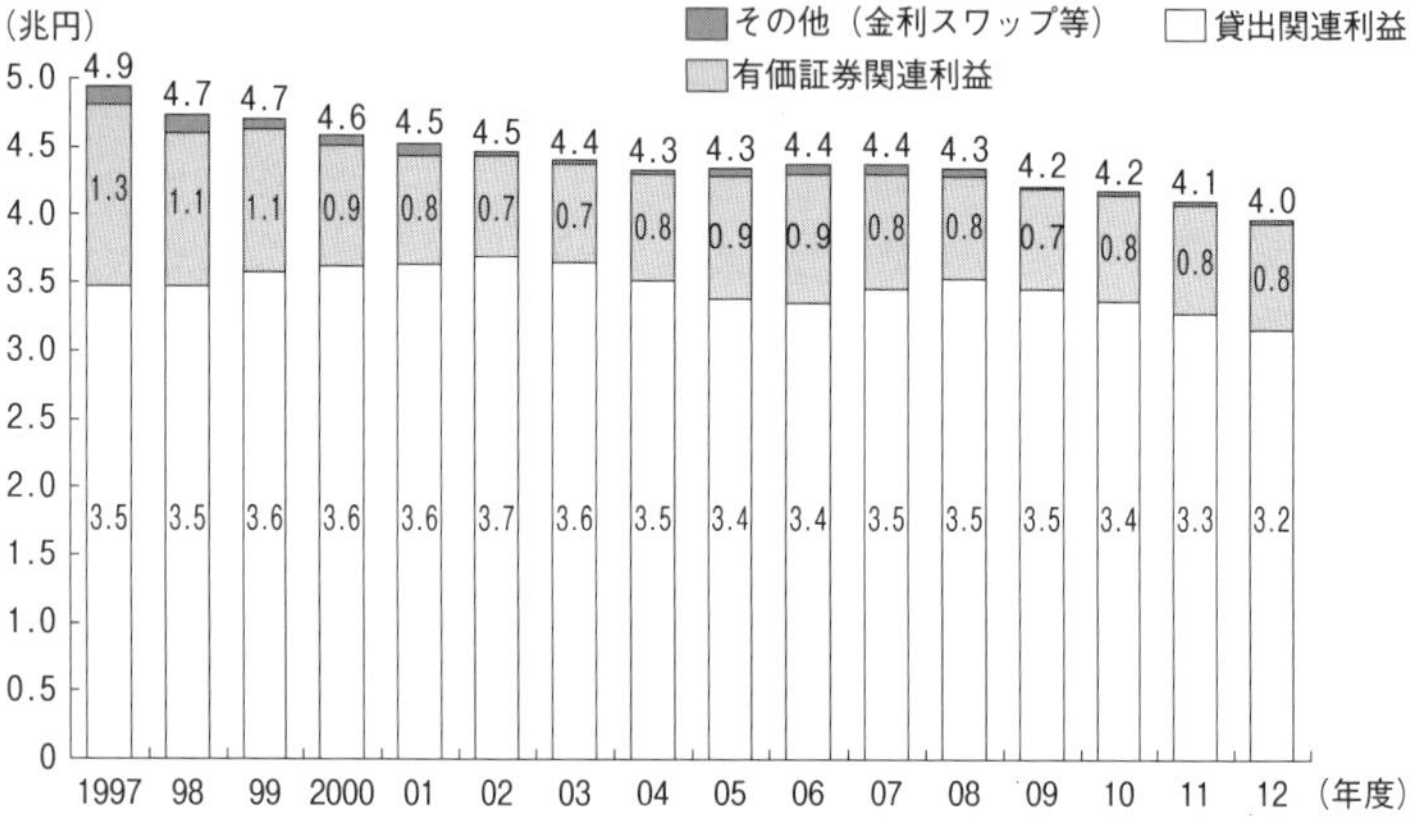

（出所）　全国銀行協会「全国銀行財務諸表分析」

字が続いている（図表１－20）。バブル経済崩壊後の一九九〇年代半ば～二〇〇三年にかけて赤字基調が続いた頃と比べると著しい改善である。

しかしながら、本業の儲けを示す「コア業務純益」（資金利益＋非資金利益－経費）は、二〇〇六年をピークに連続して前年対比で減益となっている（図表１－21）。これは、投資信託の販売による役務取引利益など〝非資金利益〟の増加、および〝経費〟の減少という増益要因はあったものの、それ以上に貸出関連を中心に〝資金利益〟が減少（図表１－22）したことによる減益インパクトが大きかったためである。この間、預金金利など〝資金調達原価〟は下がったが、地方銀行同士での競争激化や、比較的高い金利をとりやすかった業種での資金需要の低迷などを受け、資金調達原価よりも大きな幅で〝資金運用利回り〟が落ち込んだために、資金利益の減少となった。

現在予見される範囲においては、貸出金利の反転上昇を期待するのは楽観的といわざるをえない。そのため、本業であるコア業務純益の低迷はしばらく続いてしまうと思われる。

◇貸出・預金もそろそろピークアウトか

続いて、貸出と預金の状況を確認してみよう。まず貸出は、貸出関連の利益が減少したというものの、貸出残高が減っているわけではない。残高（平残）は二〇〇五年から連続して増加しているのである（図表1－23）。しかしながら、競争環境の激化などを背景に「貸出利鞘」（貸出金利回り－資金調達利回り）は長期にわたり低下が続いているため（図表1－24）、残高の増加効果を打ち消して、貸出関連利益は減少している。ボリュームを確保すれば利益もついてきていた時代は遠のき、「残高は伸びるが、利益は落ち込む」という構造に陥っている。また、預金をみてみると、預金残高（平残）は、貸出残高よりも長く一九九八年以降、一五年近くにわたり増加が続いている（図表1－25）。

貸出・預金ともに増加しているが、預金残高の増加幅のほうが大きい（貸出の資金需要が低迷）ため、預貸率は次第に低下しており、一五年前と比べて一〇ポイント低下の七一％となってい

図表１－23　地方銀行の貸出残高（平均残高）：2005年から連続して増加

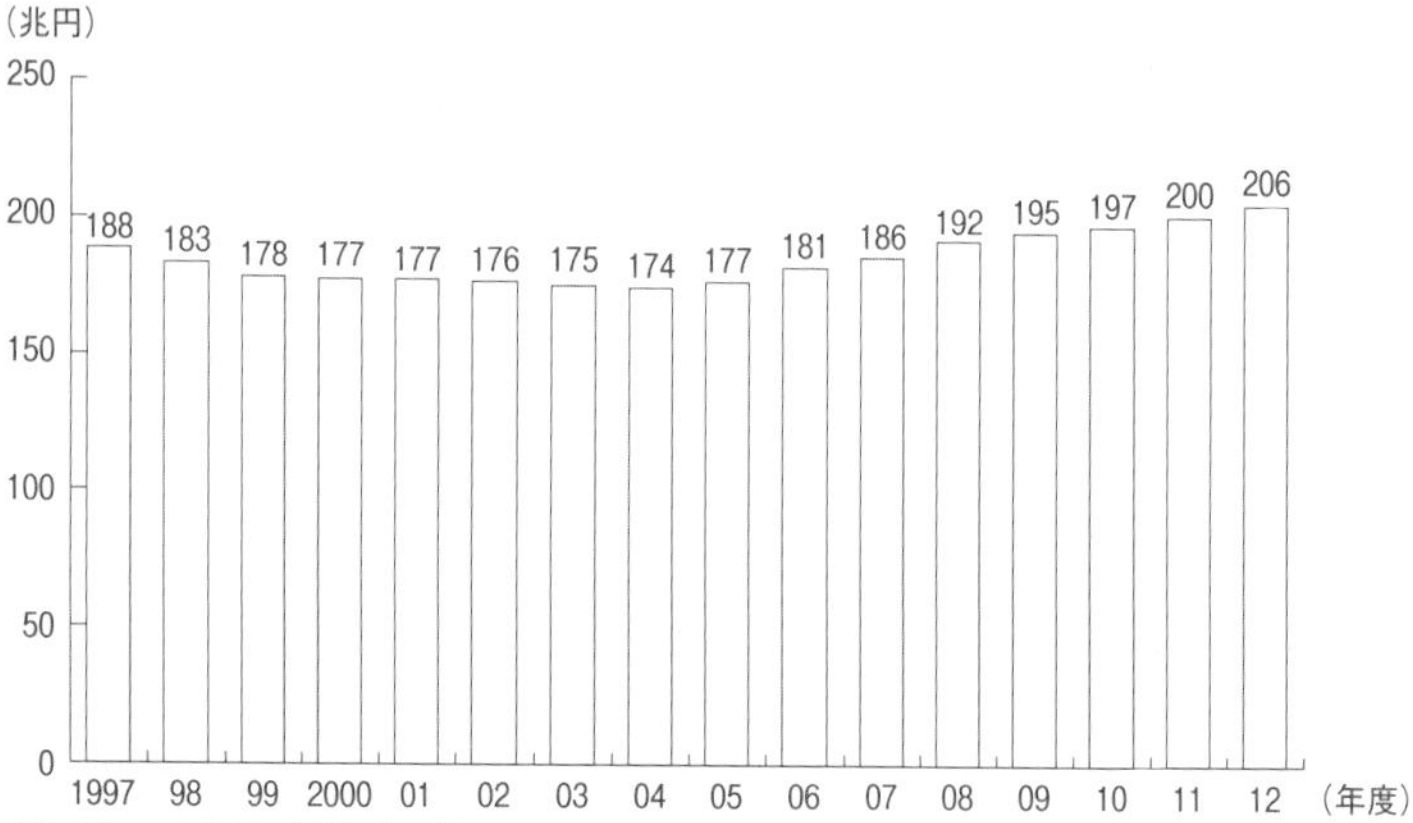

（出所）　全国銀行協会「全国銀行財務諸表分析」

図表１－24　地方銀行の貸出利鞘：長期にわたり低下が続く

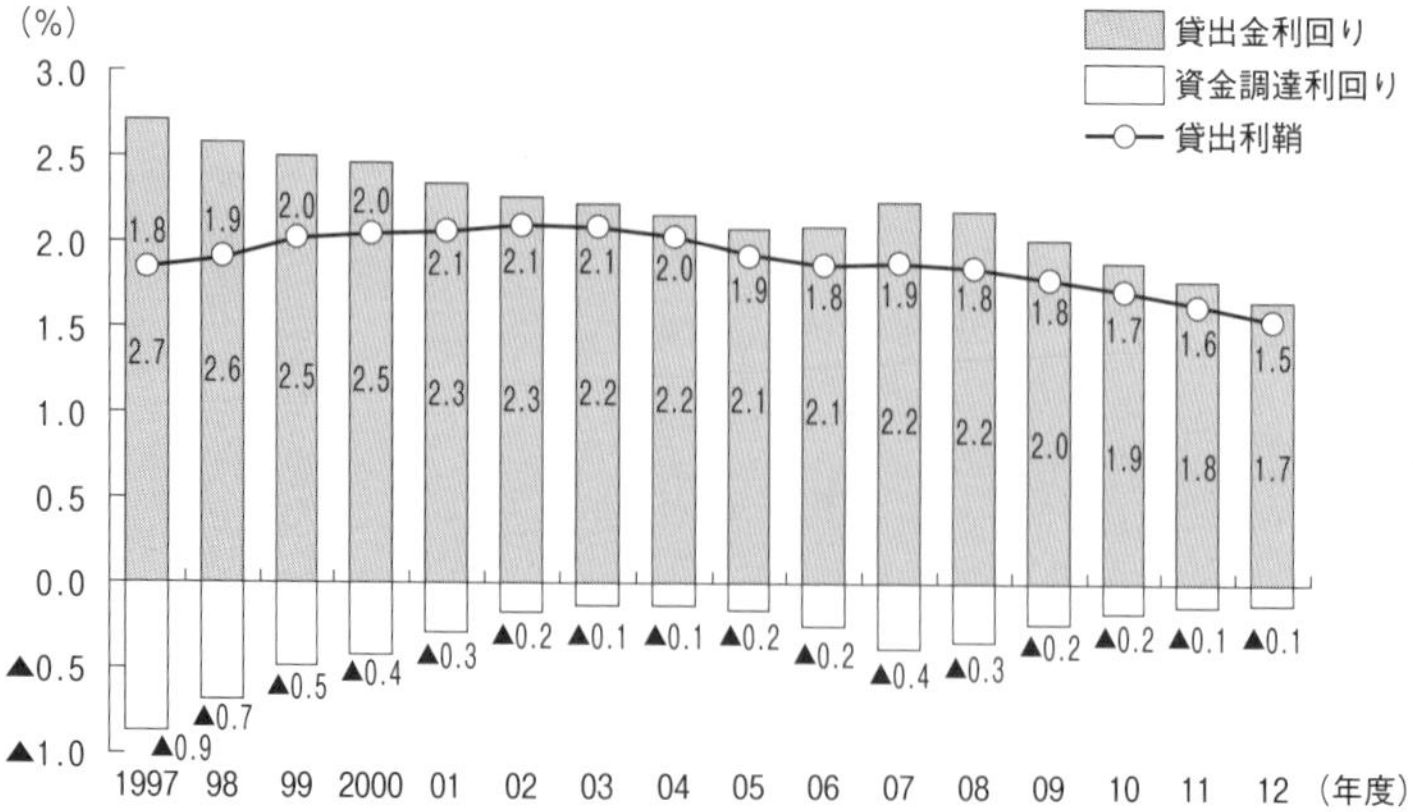

（出所）　全国銀行協会「全国銀行財務諸表分析」

図表１－25　地方銀行の預金残高（平均残高）：15年近く増加が続く

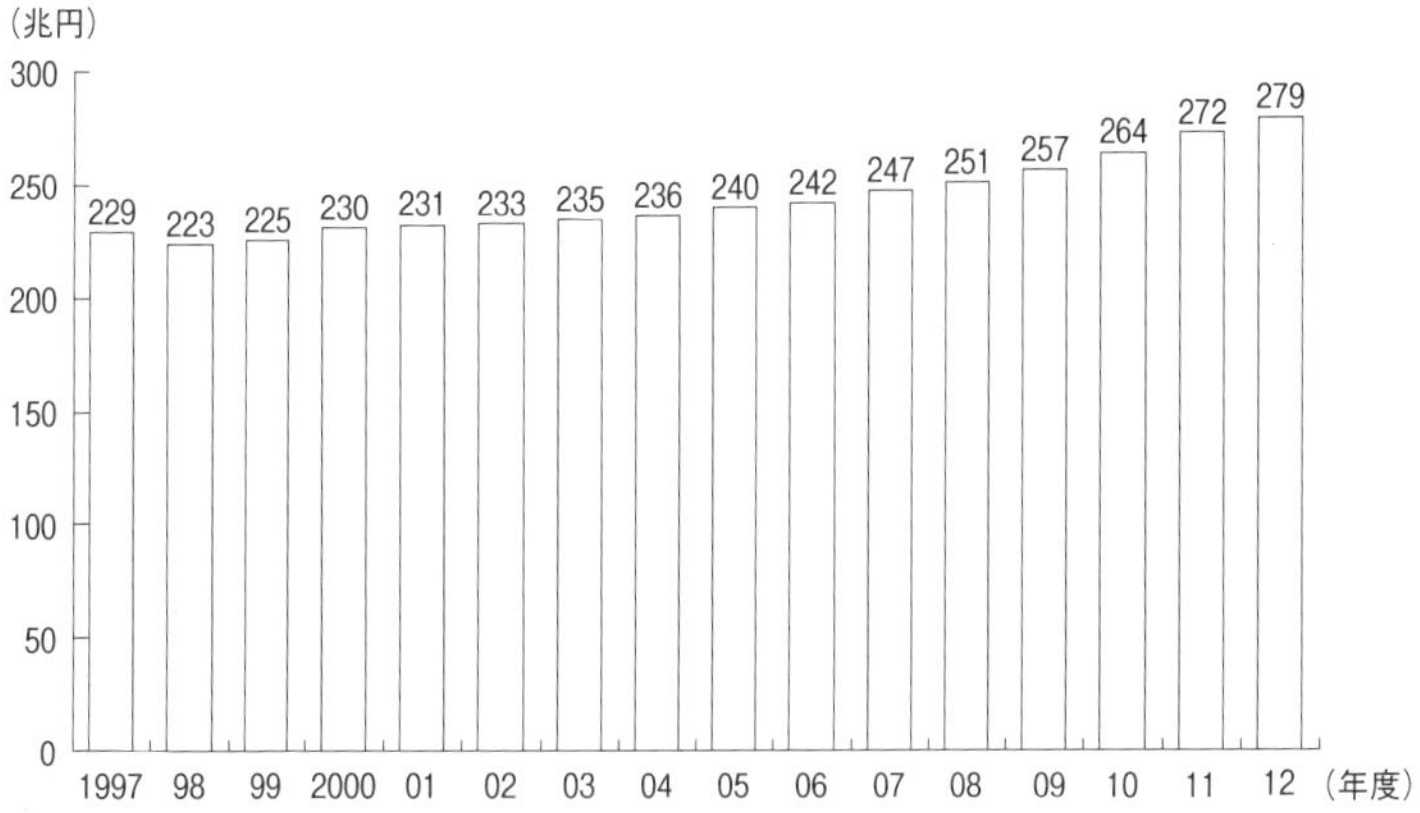

（出所）　全国銀行協会「全国銀行財務諸表分析」

図表１－26　地方銀行の預貸率・預証率：預貸率が低下し、かわって預証率が増加

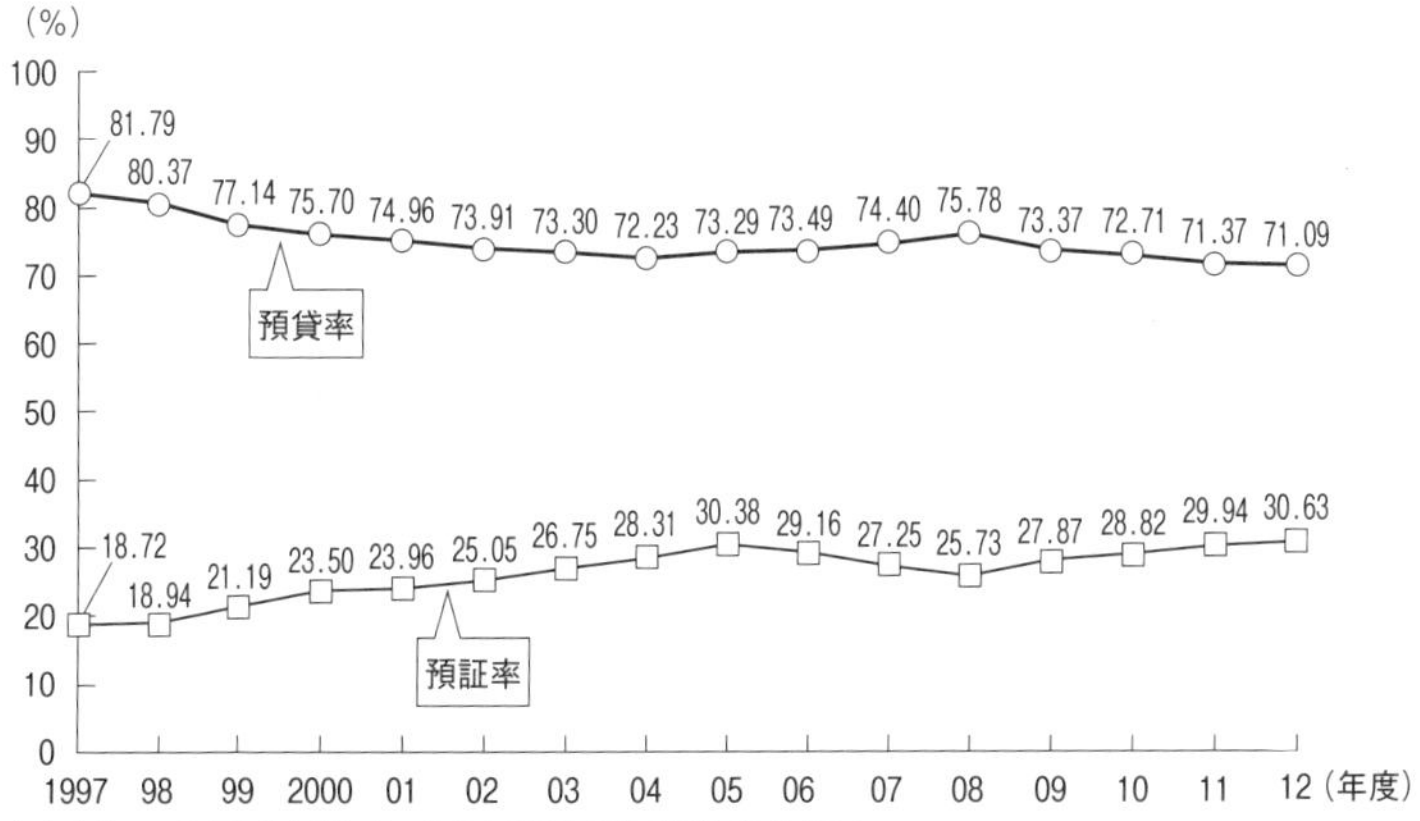

（出所）　全国銀行協会「全国銀行財務諸表分析」

図表１－27　地方銀行の資産に占める国債比率：資産の１割強を日本国債で運用

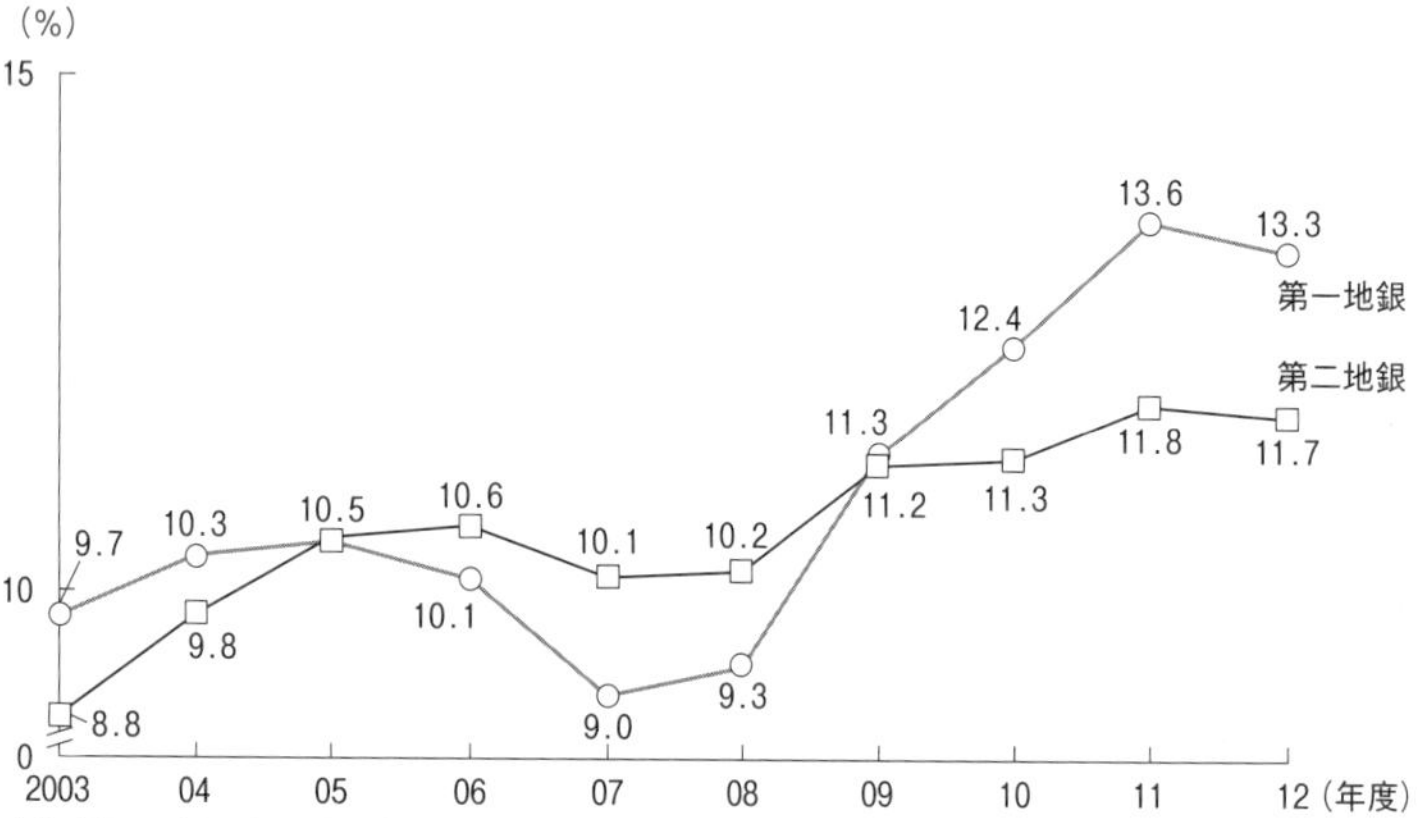

（出所）　全国銀行協会「全国銀行財務諸表分析 平成24年度決算」、内閣府「日本経済2011-2012」、2013年10月23日付日本経済新聞「銀行、国債頼み弱まる：日銀レポート」、日本銀行「金融システムレポート（2013年４月号）」

る。一方で、有価証券での運用のウェイトが高まったことから預証率は増加傾向にあり、一五年間で逆に一〇ポイント以上増えて三一％となっている（図表1－26）。ちなみに、地方銀行の有価証券運用のうち、一二％～一三％は日本国債での運用となっている（図表1－27）。経済産業省の産業構造審議会のなかでも議論されていたように、日本国債の日本国内での消化体制が限界に達するおそれがあるといわれている二〇二〇年頃をにらんで、日本国債リスク（国債価格の下落・長期金利の上昇）が顕在化してしまった場合には、地方銀行の経営にも大きな影響が及んでくる。

預金減少の時代がやってくる

預金の確保は、調達コストが低いことによる収益貢献面や、流動性リスクへの対策面におい

図表1－28　県別の預金シミュレーション（インフレ率：０％と想定）：保守的なシナリオでも、2030年までに７％の預金が減少する

No	都道府県	2013	2015	2020	2025	2030	2030－2013 増減幅
1	神奈川	100.0	100.8	101.1	102.2	103.9	3.9
2	千葉	100.0	100.4	100.0	100.8	101.2	1.2
3	沖縄	100.0	100.0	97.3	97.3	100.0	0.0
4	東京	100.0	100.3	100.1	99.8	99.8	▲0.2
5	埼玉	100.0	100.0	98.4	97.7	98.0	▲2.0
6	滋賀	100.0	98.0	95.9	95.9	98.0	▲2.0
7	愛知	100.0	99.7	97.8	96.9	97.5	▲2.5
8	静岡	100.0	98.4	94.3	92.7	91.1	▲8.9
9	福岡	100.0	99.0	95.3	93.2	91.1	▲8.9
10	栃木	100.0	98.6	94.2	92.8	91.3	▲8.7
11	兵庫	100.0	99.0	95.0	93.0	91.0	▲9.0
12	三重	100.0	97.2	93.0	91.5	90.1	▲9.9
13	宮城	100.0	97.7	94.3	92.0	90.8	▲9.2
14	大阪	100.0	99.3	96.0	92.9	90.6	▲9.4
15	広島	100.0	98.2	93.7	91.0	89.2	▲10.8
16	岡山	100.0	97.1	91.4	90.0	88.6	▲11.4
17	茨城	100.0	99.0	93.8	90.7	88.7	▲11.3
18	群馬	100.0	98.5	92.4	89.4	89.4	▲10.6
19	奈良	100.0	98.3	91.7	88.3	85.0	▲15.0
20	北海道	100.0	98.6	92.8	87.7	84.8	▲15.2
21	福島	100.0	96.6	89.8	86.4	83.1	▲16.9
22	長野	100.0	98.5	90.8	86.2	84.6	▲15.4
23	熊本	100.0	98.0	92.2	88.2	84.3	▲15.7
24	京都	100.0	97.2	89.9	85.3	83.5	▲16.5
25	新潟	100.0	98.7	90.8	86.8	84.2	▲15.8
26	鳥取	100.0	94.7	89.5	84.2	84.2	▲15.8
27	香川	100.0	95.8	87.5	85.4	83.3	▲16.7
28	富山	100.0	95.7	87.2	85.1	83.0	▲17.0
29	岐阜	100.0	96.9	89.1	84.4	82.8	▲17.2
30	福井	100.0	96.4	85.7	85.7	82.1	▲17.9
31	岩手	100.0	97.4	89.7	84.6	82.1	▲17.9
32	石川	100.0	95.3	88.4	83.7	81.4	▲18.6
33	長崎	100.0	97.6	90.5	85.7	81.0	▲19.0
34	愛媛	100.0	96.7	88.5	83.6	80.3	▲19.7
35	山梨	100.0	96.0	88.0	80.0	80.0	▲20.0
36	徳島	100.0	95.0	85.0	82.5	80.0	▲20.0
37	山形	100.0	94.6	86.5	81.1	78.4	▲21.6
38	大分	100.0	96.9	87.5	81.3	78.1	▲21.9
39	鹿児島	100.0	97.4	87.2	82.1	76.9	▲23.1
40	山口	100.0	96.2	86.5	80.8	76.9	▲23.1
41	佐賀	100.0	95.2	85.7	81.0	76.2	▲23.8
42	高知	100.0	91.7	83.3	79.2	75.0	▲25.0
43	青森	100.0	97.2	86.1	80.6	75.0	▲25.0
44	秋田	100.0	96.8	83.9	77.4	74.2	▲25.8
45	和歌山	100.0	94.6	83.8	78.4	73.0	▲27.0
46	宮崎	100.0	96.0	84.0	80.0	72.0	▲28.0
47	島根	100.0	95.2	81.0	76.2	71.4	▲28.6
総計		100.0	99.1	95.8	94.1	93.1	▲6.9

（出所）　A.T. カーニーによるシミュレーション

て重要である。そうはいうものの、預貸率の低下が続くなかで、近年はさほど重要視されてこなかったのも事実である。

しかし、この先を見据えると人口減少や経済成長の鈍化、財政悪化等を起因として預金が減少に転じる可能性は高い。A・T・カーニーが実施した二〇三〇年までの都道府県別の預金シミュレーションでは、インフレ率が〇%だったと仮定した保守的なシナリオでも、日本全体で預金は▲七%（二〇一三年対比）になるという結果がもたらされた。預金が増加するのは三県のみで、逆に二〇%以上の大きな減少が一三県で起こると推計された（図表1－28）。

長きにわたり預金は増加をしてきたため、預金が減少に転じることは、財務的なインパクトだけでなく、銀行自体や日本全体の縮小を意識せざるをえない精神的な負のインパクトにもつながってくる。社会構造の変化に基づく預金の減少を阻むことは困難であるが、預金減少時代が来る心構えはしておかないといけないだろう。

◇経営努力で効率指標の落込みを阻止

経営効率を示す指標の一つであるＯＨＲは、リーマンショック前までは五〇%台の後半で推移していた。しかし、二〇〇八年に六九・七%まで急上昇し、その後も六〇%台が続いている（図表1－29）。

また、職員数はバブル経済の崩壊以降に新卒採用の抑制を図ったこともあり、二〇〇六年までは大幅な減少傾向にあった。その結果、職員一人当りの業務粗利益も上昇を続けていたが、トップライン増加よりも職員減少の影響のほうが強かったため、採用を回復させて人員が増加に転じて以降は、一人当りの効率は伸ばせていない（図表1－30）。

両指標とも近時は大きな数値の変化はなく、さまざまな経営努力を重ねてきた結果として、落込みを食い止め横ばいを維持している状況といえるだろう。

こうしてみると、表面上の決算の数字は決して悪くないものの、コア業務純益など本業での稼ぐ力は弱まっていることがわかる。また、その主な原因ともなっている貸出利鞘は長く低下が続いており、利益を稼ぎにくい構造が定着化してしまっているといえよう。これから先を見通しても、貸出利鞘が直ちに好転するとは想定しにくく、残高についても地域経済の悪化や競争環境の激化・多様化などにより伸びがいつまで続くかは不透明であり、稼ぎにくい構図は続いていくと考えるのが自然であろう。

図表１－29　地方銀行のOHR：リーマンショック前までは50%台後半だったが、近時では60%台で推移

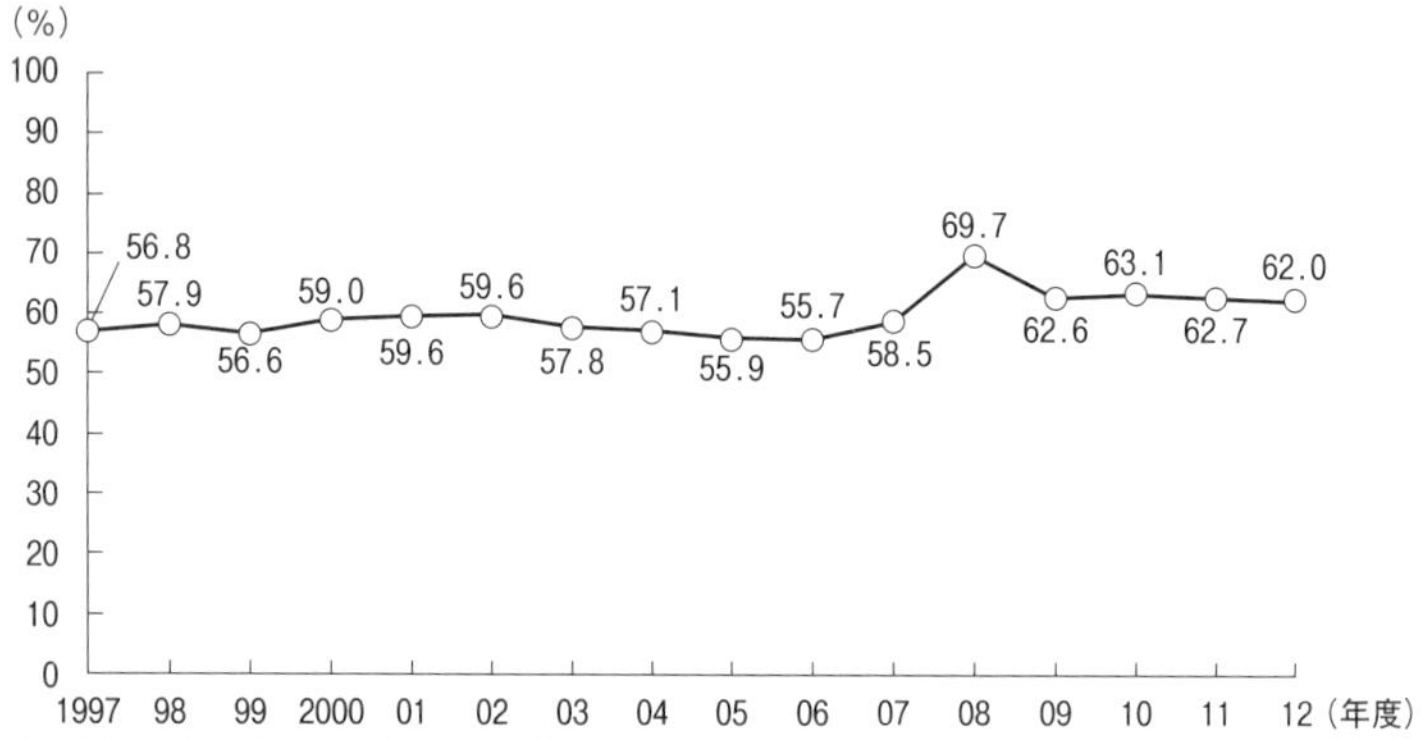

（出所）　全国銀行協会「全国銀行財務諸表分析」

図表１－30　職員１人当りの業務粗利益：１人当りの経営効率は伸ばせていない

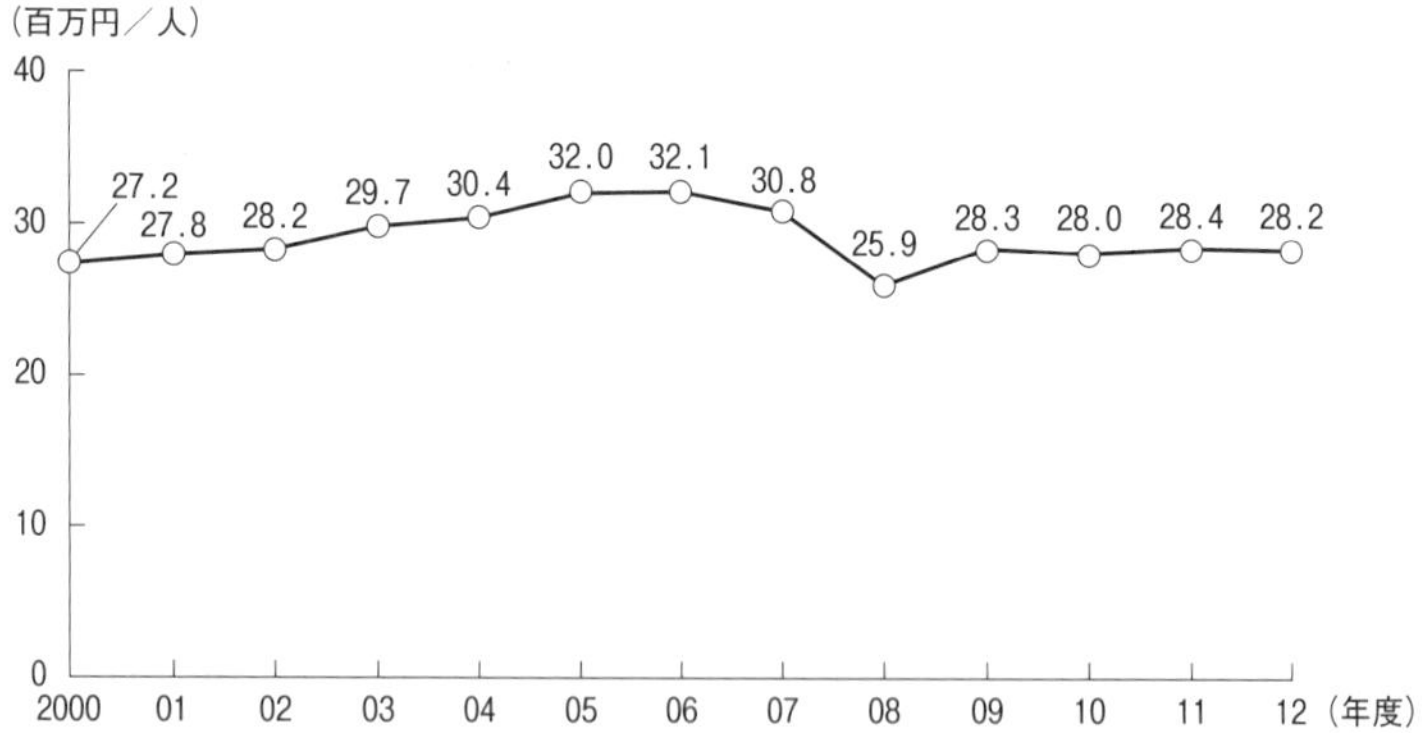

（注）　職員は事務系職員、庶務系職員、出向職員および在外勤務者の在籍総数。ただし、長欠・休職者を含め、嘱託・臨時雇員を除く。

（出所）　全国銀行協会「全国銀行財務諸表分析」

5 変革なくして未来はない

本章では、地方銀行の置かれた環境を概観してきたが、基盤となる地域の縮小、金融機関同士の競争激化、異業種による代替サービスの増加、さらには利益を稼ぎにくい構図と、総じて厳しいものになっている。しかもこれらは、リーマンショックのように一時的な影響ではなく、社会構造の変化に伴うより根源的なものである。地方銀行は、「構造不況業種」だともいえよう。

だからといって、地方銀行が元気をなくし、沈んでしまうわけにはいかない。前述したとおり、日本が強くなるためには、東京など大都市だけでなく、地域が強くなる必要がある。地域が強くなるためには、地域を支える地方銀行が強くあることが不可欠なのである。

環境がよかったときには、あえて大きな冒険をせずとも、これまでと同じようなこと、他行と同じようなことを行っていれば、成長はついてきた。しかし、この先は現状の延長線上だけでは、地域とともに縮小に向かってしまう。構造的な問題への対応は容易ではなく、時間もかかる。だからこそ先送りせずに、地域経済が縮小に向かうなか、自行は地域のなかでどういった役割を担う存在となるのか、地域が困るときに自行が果たすべき役割は何か、より根源的な〝あり方〟を含めて考えてみる必要があるだろう。そこには、従来の延長線上を超えた変革も求められるだろうが、将来の地域、そして自行のために挑まなければならない。

　一方で、そうはいっても当面の収益確保が重要というのも理解できる。ただし、現在の事業構造をふまえると、当面のことに関しても従来と同じことをやり続けるだけでは厳しく、なんらかの変革が求められてこよう。

　将来を見据えた種まきと、足元の強化の双方が求められる大変な時代である。以降の章では、「将来を見据える」「足元を強化する」の二つのパートに分けて、地方銀行に期待する取組みや、変革について述べていくことにする。

変革へのPart 1

将来を見据える

第 2 章

長期ビジョン

1 地域から求められる役割が変わる

◇中期経営計画だけでも問題はなかった

これまでも地方銀行は、三年程度の期間での達成目標を定めた「中期経営計画」（中計）を策定してきた。中計の中身をみてみると短期的視点での施策が中心となっており、かつ中計の作成自体が経営や企画部門の一大イベントとなっていて、中計をつくりあげた段階で肩の荷が下り満足してしまっていること（手段が目的化している）も少なくない。また、本当は検討しておかなければならない悲観的な将来予測には目をそむけてしまい、無難な現状延長線上の予測（期待）をベースに戦略を策定していることも多くある。これらの結果として、労力をかけてつくりあげた中計ではあるが、計数目標以外は実質的には活用・機能していないケースも珍しくない。それでも問題が生じることなく、経営を円滑に進めることができたのは、地域経済が伸びていて、地方銀行の伝統的なビジネスモデルや提供価値が依然として求められ、機能していたためである。

◇長期を見据える必要性が高まってきた

しかしながら、金融庁が「五〜一〇年後を見据えた中長期の経営戦略を検討することが重要」と監督方針に明記したことも一因ではあるだろうが、地方銀行でも「中期」を超えて、「長期」の方向性を考えることへの意識が強まっている。もちろん、金融庁がいわずとも、第1章で確認したとおり、地域経済はこのままいけば右肩下がりとなることがみえているため、長期的な視点で銀行経営の方向性を考えていくことは不可避である。仮に、ゆうちょ銀行も含めて異業種や新規プレイヤーの参入がいっさいなく、地域での競争環境も変わらずに現在と同じシェアを維持し続けたとしても（現在と同様に頑張り続けたとしても）、市場の縮小に比例して、自行の計数も縮小していく。そこに競争環境の激化が要素として加わると、考えたくもない水準感での計数の縮小と向き合わざるをえないことも出てくるだろう。そのうえ、地方銀行は雇用を大事にするというよさをもっているため、業績の悪化が続いても一般の事業会社のようにリストラによる短期的な埋め合わせもできない。結果として、トップラインもボトムラインも双方ともに、現状維持すら、きわめてチャレンジングな時代が、目の前までやってきているのである。

地方銀行という業態全体の将来シナリオを考えてみても、いまのままの姿で二〇年後、三〇年後を迎えられているとは限らない。大規模な統合再編が起きて、地方銀行の数は現在の半分以下になっているかもしれない。数はさほど変わらず、地域経済の縮小に応じてそれぞれが小さくなって生き延びているかもしれない。いまは想定もしていない異業種のプレイヤーが、地方銀行の果たしてきた機能の多くを代替する世界になっているかもしれない。また、地方銀行が変化して、現在とは異なる価値を提供することで地域のなかでの存在感が大きく増しているかもしれない。どのような世界になるかはだれもわからないが、将来どのシナリオになったとしても、自行の顧客を守り、そして自行も強くあり続けるためには、将来を想定して備えておくことが必要となる。避けなければならないのは、徐々に徐々に環境や競争が変化するなかで自身は変化を遂げることができずに、「茹でガエル」になってしまうことである。

◇いちばん大事なことは、いかに地域の役に立つか

地方銀行が、長期的な方向性を考えるにあたって大事なことは、自身がいかに生き残るのかを考えるのではなく、地域における存在意義・役割を考え直すことである。他の業界をみても、儲けることの上手な企業が一時的には栄華を極めるものの、世の中に必要とされていなければいずれ廃れていったという例は枚挙にいとまがない。厳しい経済環境であったとしても存在し続けることが許されるのは、その企業が存在する意義があり、世の中から必要とされる場合に限られるといっても過言ではないだろう。

地方銀行に照らしてみると、存立の基盤はあくまでも地域である。地域産業の黎明期には、資金を供給することで地域経済の発展に貢献するという、金融機関にしかできない大事な役割があった。その後、産業は成長期を経て今度は縮小期へと向かっていく。黎明期・成長期・縮小期、それぞれごとに地域社会（産業）の悩みやニーズは異なるはずである。地域を支える存在である地方銀行としては、使命である「地域への貢献」という柱は、いつの時代になっても揺らぐことはない。しかしながら、地域社会（産業）の置かれた状況に応じて、貢献の仕方は見直しをしていかなければ、地域に認められる存在であり続けることはできないだろう。地域のためになすべきことをおろそかにして、自身の売上げ・利益をいかにあげるかばかりに腐心してしまっていては、愛想を尽かされてしまう。

地方銀行としての使命発揮と、自身の存続のためには、長期的な視野のもとで地域社会の将来を見通し、従来の価値の維持だけでなく、非連続な新たな価値を模索していくことも必要となる。これは容易ではなく、準備期間も必要とするため、地域社会や自行が苦境に陥ってから策を考えるのでは遅すぎる。それゆえ、まだ少しは余裕をもてるこの段階で、長期的視点での〝あり方〟の検討を行う意義は大きい。

また、長期ビジョンの策定は、本来的な目的である経営として長期的に力を注ぐべき領域が明確となるだけでなく、次世代を担う行員の「働き甲斐」に再び火をつける効果もある。地元企業への融資などを通じて地域社会の発展に貢献したいという大きな志をもって入行した行員も、いつしか目先の仕事に忙殺され、地域社会よりも業績目標のことを考える時間のほうが多くなっている。耳に入ってくる情報も、自行の成長を感じさせる明るい話題は少なく、将来に対して漠然とした不安を抱えている。こうしたなかで、やることは現状の延長線上のまま代わり映えせず、目標数値だけが高い中計が打ち出されたとしても、入行時に抱いていたワクワク感はよみがえってこない。また、キレイな言葉が並ぶものの、魂のこもっていない夢物語すぎる計画が打ち出されても同様である。長期ビジョンを考え地域のために何を行っていくのかを、行員からも共感を得られる内容にして示すことで、地方銀行の社会的意義を再認識することができ、失われかけていた働き甲斐を取り戻させることにつながっていく。

地域が縮小基調に入るなかで、地域に生きる地方銀行がどのような長期ビジョンを立てるかは、経営の根源的な問いとなるはずである。対外的に公表するための見栄えのよい長期ビジョンも必要かもしれないが、対外的には公表しない本音ベースでの自行の長期ビジョン、地域における存在意義・役割を、じっくりと考えたい。

2 長期ビジョンとは「こうありたい」という強い意思

長期ビジョンとはどういうものを指すのだろうか。これまで行内で打ち出してきた方向性とは違うのだろうか。イメージをもってもらうために、一九六〇年代に打ち出された、有名な声明にまでさかのぼってみることにする。

◇「一〇年以内に月に行く」

一九五〇年代、アメリカとソ連は冷戦状態にあった。一九五七年、ソ連が「スプートニク一号」を搭載したロケットを打ち上げ、世界で初めて人工衛星を地球の周回軌道に送り込むことに成功した。これを受けて両国間の威信をかけた宇宙開発競争が繰り広げられるようになった。当時は、資本主義と共産主義のいずれが優位かもはっきりとはしていなかった時代であり、それぞれのイデオロギーの優位性を示す場として、宇宙開発が使われていたのである。一九六一年四月、ソ連は人類を初めて地球軌道を周回させることに成功し、地球軌道を周回したユーリイ・ガガーリン宇宙飛行士が、ソ連の宇宙開発技術、およびそれを可能とした共産主義が優越していることの広告塔として各国を歴訪するなど、宇宙開発史上初の成果はことごとくソ連が独占してい

図表2−1　アメリカ・ソ連の宇宙開発競争：ケネディ大統領の宣言まで、宇宙開発史上初の成果はソ連がほぼ独占

主なできごと	国	時期
・人工衛星を初めて、地球の周回軌道に送り込む	・ソ連	・1957年10月
・動物（犬）を初めて、地球の周回軌道に送り込む	・ソ連	・1957年11月
・人工衛星から初めて、地上との交信に成功する	・アメリカ	・1958年12月
・人工衛星を初めて、太陽の周回軌道に送り込む	・ソ連	・1959年1月
・月の裏側の写真撮影に初めて、成功する	・ソ連	・1959年10月
・人工衛星から初めて、動物（犬2匹）の回収に成功する	・ソ連	・1960年8月
・人類を初めて、地球の周回軌道に送り込む	・ソ連	・1961年4月
・ケネディ大統領が、人類を月に送ると宣言	・アメリカ	・1961年5月

（出所）　アメリカ大使館ホームページ、JAXA宇宙情報センターホームページ、History Shots社ホームページ

た（図表2−1）。アメリカ側は、当時の副大統領が「世界の目からみれば、宇宙での一番乗りはすべてにおいて一番。宇宙での二番乗りは、何事においても二番手ということだ」と表現したとおり、資本主義の優位性を示すことができない状況に強い危機感を抱いていた。

こうしたなか、一九六一年五月、アメリカのケネディ大統領は「今後一〇年以内に人間を月に着陸させ、安全に地球に帰還させるという目標の達成に、われわれが取り組むべきと確信している。この期間のこの宇宙プロジェクト以上に、より強い印象を人類に残すものは存在せず、長きにわたる宇宙

探査史において、より重要となるものも存在しない」という声明を発表した。この時点では、NASAの関係者でさえ、一〇年以内の月面着陸は無理と感じたほど、根拠希薄な公約であった。しかしながら、ビジョンに共感した優秀な若者がNASAに集まり、多額の予算もつけられ研究開発が進み、最難関とされていた月面着陸船と司令船の再ドッキングの技術もついには確立された。そして、公約の期限よりも早い一九六九年七月、宇宙飛行士ニール・アームストロング、およびバズ・オルドリンがアポロ一一号で月面に着陸したことにより、ケネディ大統領の公約は実現されたのである。

ケネディ大統領の公約を、長期ビジョンの視点で整理してみよう。まずは、公約のなかで直接触れているわけではないが、資本主義が共産主義よりも優れていることを示す「大義」があった。そのうえで、〝一〇年以内に人間を月に着陸させ、安全に地球に帰還させる〟という、「期間が明示され、成否が客観的に判断できる目標」が示されていた。目標の内容も、実現できるかどうかの絶妙なギリギリの高さに置かれたことで、関係者のチャレンジ精神を駆り立てて、結果としてさまざまな変革（イノベーション）が生み出され、公約の実現へと至ったのである。

政治の（国の威信をかけた）公約と、企業が考える長期ビジョンとは必ずしも同じではないが、長期ビジョンのイメージをつかむには、ケネディ大統領の〝一〇年以内に人間を月に着陸させ、安全に地球に帰還させる〟という公約は、非常にわかりやすいものといえる。そして、何よりも、「こうありたい」という強い意思こそが、長期ビジョンの根幹となることも理解いただけるだろう。

◇「すべてのお客様の金融ニーズを満たし、金融的成功を支援する」

次に、金融機関の長期ビジョンを、アメリカのサンフランシスコに本店を置く広域地銀であるウェルズ・ファーゴを例にとりみてみよう。

ウェルズ・ファーゴは、一九九八年にノーウェストが旧ウェルズ・ファーゴを救済するかたちで吸収合併したが、知名度が高くブランド力のあるウェルズ・ファーゴの名前を残している。

合併前のノーウェストは、伝統的チャネルである店舗を強みの源泉としていた。しかし、次第に店舗網の競争力は低下し、高コストチャネルゆえの維持負担の重さや、店舗網へのこだわりが強くネットバンキングへの対応が遅れたことで顧客流出の危機にも直面していた。こうしたなか、銀行自身の規模や短期的な収益を、顧客ニーズよりも優先しがちな金融業態に対する問題意識も有しており、小売業出身のCEOを迎えるなどセールスカルチャーの変革には積極的であった。一九九三年にノーウェストの経営陣が「ビジョン&バリュー」を発表しており、これが合併後のウェルズ・ファーゴにも引き継がれているのだが、そのポイントを一言で表すと、「顧客ニーズに応えることの徹底」である。自らをサービス産業と定義し、提供する商品に大きな違い

図表2－2　旧・ノーウェストの長期ビジョン：顧客が自由に商品・チャネルを選べる銀行への変革を志して、長期ビジョンを策定

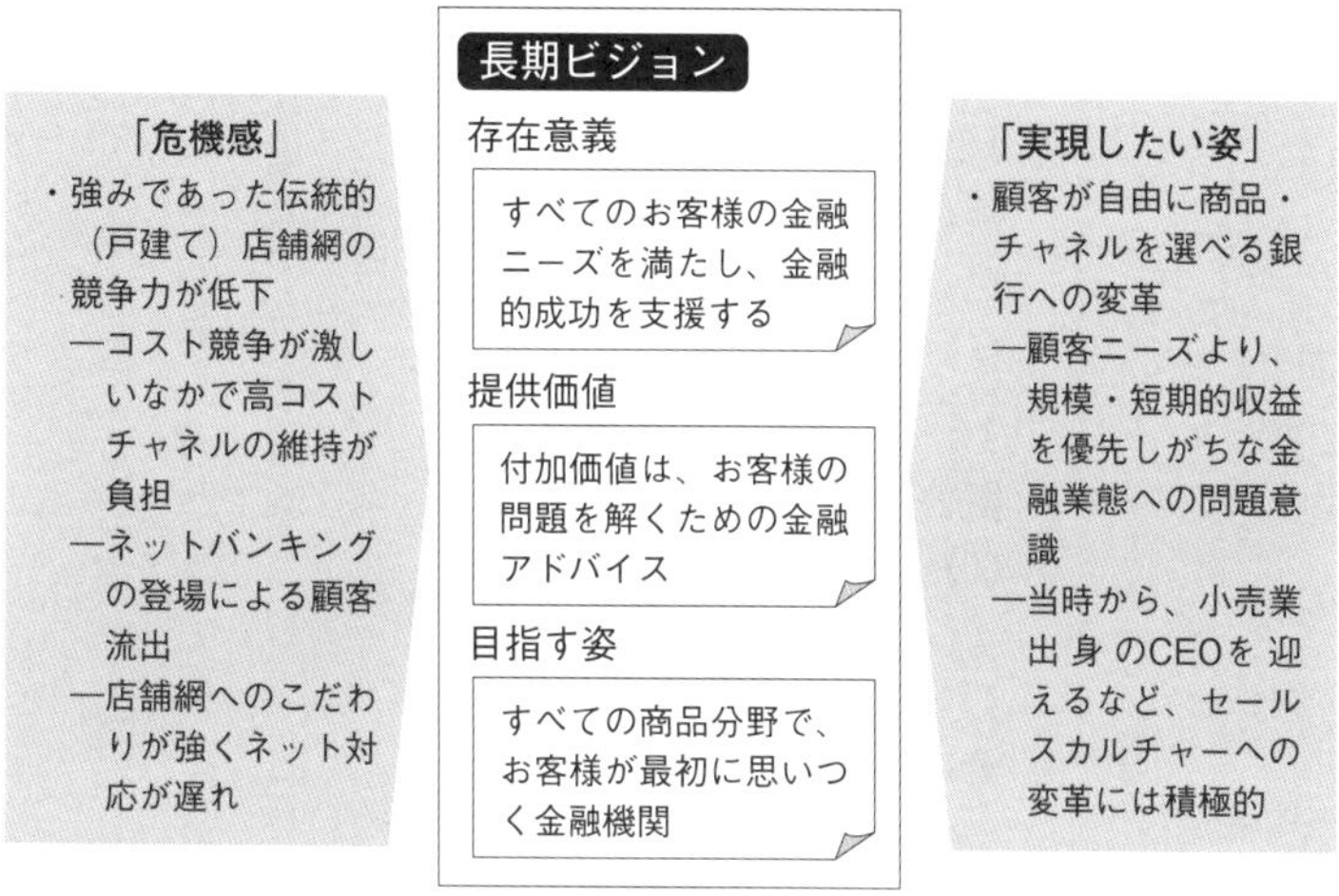

（出所）　A.T.カーニー

がないのであれば顧客の立場に立ったアドバイスこそが差別化の源泉であると述べている。

同行のビジョンを整理すると、次のようになる（図表2－2）。

●存在意義……すべてのお客様の金融ニーズを満たし、金融的成功を支援すること

●提供価値……付加価値は、お客様の問題を解くための金融アドバイス

●目指す姿……すべての商品分野で、お客様が最初に思いつく金融機関

この長期ビジョンに基づき、商品・チャネルはできる限り幅広くそろえ、銀行の都合を押し付けるのではなく、

顧客がニーズにあわせて自由に商品（非金融領域も含む）を組み合わせることのできるパッケージ商品の提供など、特徴ある事業戦略を展開している。また、「提供価値」と定義している顧客へのアドバイスが適切なものとなるよう、従業員教育にも力を入れており、「われわれの競争優位性は、人にある」とも明言している。これらの結果として、顧客一人当りに対するクロスセル商品数は、合併当時の一九九八年時点で三・二商品（これでも、当時のアメリカの銀行のなかではトップクラス）だったものが、二〇一二年には五・六商品にまで増大をしている。

ケネディ大統領の公約と、ウェルズ・ファーゴの事例で、長期ビジョンのイメージはつかんでいただけただろうか。最大のポイントは、「こうありたい」という強い意思をもつことである。そして、なぜそうありたいかの根底となる大義・存在意義も重要となる。

3 地域への貢献の方法を考え抜く

長期ビジョンに絶対的な正解はない。後述するように客観的な分析結果もふまえた検討は重要となるものの、論理的に検討すれば方程式を解くように解が求められるわけではない。その前提のもと、地方銀行が長期ビジョンの検討で押さえておくべき視点を整理すると、「①存在意義」

図表2－3　長期ビジョンの構成要素：一貫性をもって整合させた4つの視点で考えていく

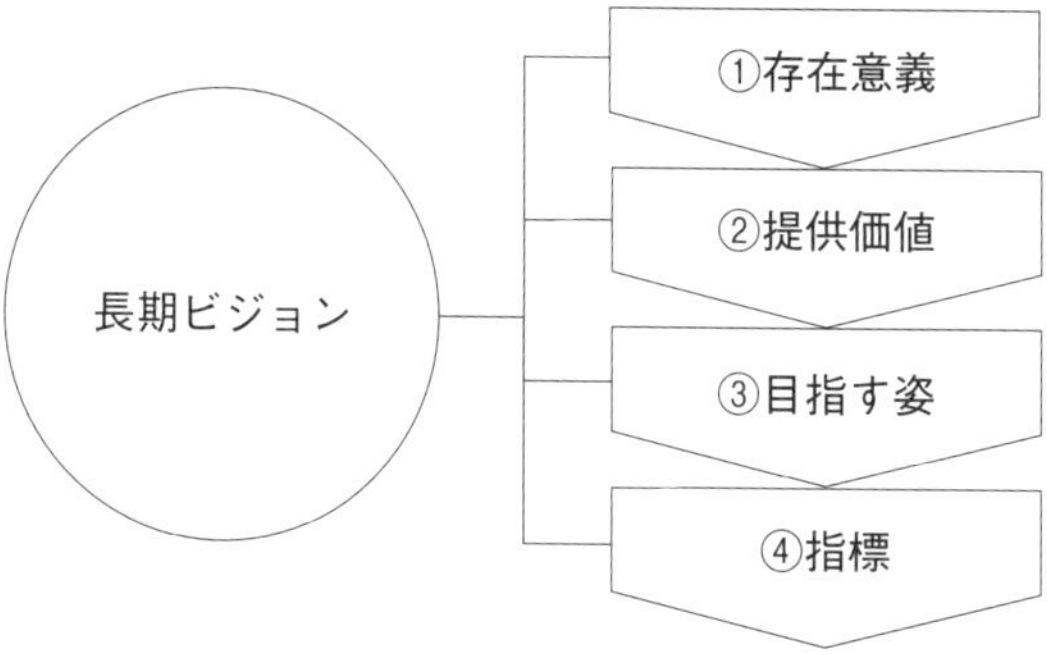

（出所）　A.T. カーニー

「②提供価値」「③目指す姿」「④指標」の四つとなり、それぞれが一貫性をもって整合していることが重要となる（図表2－3）。

◇長期ビジョンを考える四つの視点

①　存在意義

将来を見据えたときに、自行は、何のために存在していると定義するか、最も根幹にかかわるところである。時代を遥かにさかのぼると、地域に持続可能な産業を育成するために、リスクマネーの提供者として銀行がつくられた。戦前から戦後、高度成長期にかけて、各地域の産業形成に地方銀行が大きな貢献をしてきたのは間違いなく、企業および地域の成長の推進役になるという確固たる存在意義があった。しかし、これから先は、地域経済が縮小に向かい、企業の資金需要も停滞が見込まれる。また地方銀行が提供してきた機能の多くが、異業種でも提供できる（しかも、総じて使い勝手がよい）ようになるなかで、地方銀行に求められる役割も変わって然るべきである。厳しい経済環境のなかでは、存在する意義があり、世の中から必要とされるものしか生き残らないと考えたときに、将来に向けて自行が地域にある意味は何だろうか。

地方銀行なので、総論的には「地域社会への貢献」が存在意義となるだろうが、これでは抽象的すぎてしまう。地域社会に対して、どのようなかたちで貢献するのか、どのような領域で貢献するのかなど、より具体的な姿として浮かび上がるまで考えてみる必要がある。

たとえば、自行の規模・体力をふまえると地域のすべての産業・企業に対して役立つよう貢献していくことが現実的でなければ、雇用の吸収や、地域ＧＤＰの創出など、地域の将来を支えると期待される産業・企業に対しては、本業支援を含めて徹底的に役に立っていくという貢献の仕方もある。また、地域が活力をもつためには新たな企業の創造が不可欠であると考えるならば、地域での開業企業・初期段階にある企業に対しては関与の度合いをとにかく高めて、一つでも多くの先が企業として独り立ちしていくよう支えるのも意義あることとなる。さらには、一部の地方銀行でも取組みが行われてきているように、金融ビジネスの枠を思いきって跳び越えて、地域における地方公共団体に並ぶ存在として、地域の将来像づくり・地域活性化そのものをリードすることで地域経済の将来のために直接的に貢献する方法もあるだろう（地方銀行が「地域戦略」を考える視点は、次章で取り扱う）。

② 提供価値

存在意義の定義ができたら、顧客にどのような価値を提供していくのかを決める必要がある。ウェルズ・ファーゴは、「お客様の問題を解くための金融アドバイス」が提供価値であると定義をしていた。他業態の例となるが、オリックスは、顧客ターゲットである中小企業とそのオーナーの要望にはすべて「Ｙｅｓ」といい、自ら工夫してニーズに応えていくという企業文化のもとで「ほかにはないアンサー」の提供を企業のブランドスローガンとして掲げている。他社とは違った観点も含めて課題解決を手助けすることで、他のさまざまな課題にも対応してくれるのではという顧客の期待を生み、長期的な関係構築につなげていこうという考えである。

提供価値の検討をしていくなかで、最大の提供価値は「リスクマネーの提供」にほかならないという議論が出てくるかもしれない。リスクを希薄化し、一定のリスクをとるなかで地域の将来に向け貢献していくことは、地方銀行の重要な使命の一つであり続けることは変わりなく、とても重要なことである。他方で、まだ規模はきわめて小さいものの、第1章でみたようにクラウドファイナンスという仕組みも登場してきている。また、楽天やアマゾンといった、金融機関以外の企業も法人融資に乗り出してきている。もっと現実的な視点では、顧客からみれば県内他行や他県の金融機関も、資金の借入先としては候補になりうる。こうした業界内外の他社・他行と比較して、自行が提供できる（提供したい）価値は、どこに違いがあるのかまで踏み込んで考えてみると、より明確に自行の提供価値を定義できるだろう。

当然、提供価値は金融的な側面に限る必要はない。かつては企業に資金ニーズがあり、金融機能の提供主体も制度的に限られていたので、地方銀行が金融機能を提供すること自体が価値となっていた。しかし、この先を見据えたときには、地域の企業が最も必要とするのは、たとえば「技術の高さ」を「商売に結びつける」戦略を考えることのように、本業そのものに対する支援の色合いが濃くなってくるだろう。地域の将来のために企業ニーズへの貢献に意義を見出すとなれば、「地域の企業が必要とする経営能力の提供」が、一〇年後までには地方銀行の提供価値となっていても不思議ではない。

③ 目指す姿

存在意義を定義し、提供価値を発揮できた場合に、自行はどのような姿になっていたいのかも定義してみる。ウェルズ・ファーゴは、「すべての商品分野で、お客様が最初に思いつく金融機関」となることを目指していた。日本でも、ウェルズ・ファーゴと似て「お客様から最初に声をかけられる銀行を目指す」といったスローガンを掲げている地方銀行もいくつかあるので、検討のイメージはしやすいだろう（なお、「最初に声をかけられる」ために、ふだんからとにかく訪問をして顔なじみになって相談されやすい環境をつくっておくのか、課題解決力を徹底的に高めておくことで困ったときには声をかけてもらえるようにしておくのかでは、やるべきことはまったく異なる。この点は、存在意義・提供価値のなかで明確にしておく必要がある)。

目指す姿としてわかりやすいのは、提供価値との関連のなかで「この分野では一番になる」という定義の仕方だろう。規模の面で地域の二番手、三番手の地方銀行であったとしても、この分野では絶対に負けたくない、大きな銀行に負けずに一番になる、というものを考えてみてほしい。特に地域の二番手行の場合、居心地がいいのか「圧倒的な二番手を目指す」という立場をとりたがる傾向もあるが、圧倒的な二番手というポジションはいつまでも続かないと思っていたほうがいい。二番手というのは、あくまでも現在の都道府県という仕切りがあったうえで、地方銀行だけの目線でみたポジションにすぎない。都道府県の枠を超えた広域地域での活動がさらに活発になってくれば(そもそも顧客自身は、都道府県の枠にとどまって活動をしていない)、二番手は簡単に奪われてしまう。また、いまのままでいいという思考になりがちで、せっかくの長期ビジョンが変革の原動力とならなければ、ワクワク感もないため、行員の働き甲斐に火もつかない。存在意義・提供価値との関連のなかで、とにかくこれだけは一番になるという領域を考え抜くことが重要である。

④ 指　標

ケネディ大統領は、「一〇年以内に人間を月に着陸させ、安全に地球に帰還させる」と目標を掲げた。長期ビジョンは、お題目としてつくっておしまいでは何の意味もなく、ケネディ大統領のように、実現に向けて、いつまでに・どの指標をもって達成度を測るのかも決めておく必要がある。指標が未定義・あいまいだと、何年かたったときに「そういえば昔、長期ビジョンを考えたことがあったけど、何にも変わってないよね」となりかねない。

指標は、自行の売上げ・利益・シェア・顧客数などで定義することが一般的だが、長期ビジョンにおける指標として大事な三つのことを押さえておいてほしい。

まずは、きちんと測れるものでなければならない。たとえば、「地域で最も信頼される銀行になる」というのは、達成可否を判断できない（人によって判断が異なる）ため指標としてはふさわしくない。

次に、存在意義・提供価値・目指す姿との一貫性、および結びつきが確保されている必要がある。そのため、これまでの中計の計数目標に入ってこないような「〇〇分野での貸出件数ナンバー1」「地域創業企業の〇割以上に関与」など、より具体的に定義された指標も入ってきて然るべきである。また、地域活性化への直接的な貢献を存在意義として定義したのであれば、自行が担う役割との関連もふまえて、測定指標のなかに一項目くらいは地域自体の成長を測る目標数値（たとえば、「観光客数全国○位」）も盛り込んで、達成を意識し続けることも必要だろう。

そして、目標として掲げる計数が、届くか届かないかのギリギリの高さにあることも大事である。簡単に届いてしまう高さであれば、達成ゴールとしてはワクワク感がなく、つまらない長期ビジョンとなってしまう。かといって、あまりに高すぎてだれもが最初から実現を諦めるようなものであれば、それも問題である。ケネディ大統領が掲げた、一〇年以内に月へ人を送り、安全に戻すという目標感は、まさに妙味だったといえよう。

◇実現のためのジャンプが変革となる

長期ビジョンを、目標とする指標にまで落とし込んで考えていくと、現状の延長線上の取組みだけでは届かないことが明確になるはずである。そこで明らかになった差分を埋めるために必要となるジャンプこそが、自行がなすべき変革となる。ケネディ大統領の事例では、月面着陸船と司令船の再ドッキングの技術や、通信速度などがおおいなる変革のポイントとなった。

たとえば、長期ビジョン実現のためには、現在の営業店の行員だけでは質・量ともに圧倒的に不足することが浮彫りになったとしよう。そうなると、外部プレイヤーと資本提携をして質を補うことを考える必要も出てくるだろう。また、量の確保のため、店舗展開・店舗機能を抜本的に見直して周辺地域は超軽量店のみとし、その分の浮いたリソースを中心地域に回す必要が出てくるかもしれない。また、営業担当者の一日当りの外訪活動（顧客対応）の時間をいまの二倍にする策を考えなければならないかもしれない。

いずれにせよ、長期ビジョン達成のために、どこに大きなジャンプが求められるのかを明確にし、そこに挑んでいくことが、自身の変革、そして活力につながっていく。ときには非連続な変革も必要となるだろうが、それを乗り越えていかなければ、地域の役に立つ存在であり続けることはできない。地域のため、そして自行のために、長期ビジョンの実現に向けたチャレンジが望まれる。

4 長期ビジョン策定では将来を多面的にイメージ

長期ビジョンは、四つの視点（存在意義・提供価値・目指す姿・指標）をふまえた「こうありたい」という意思であると述べたが、それを考えるのは容易ではない。ともすれば、いつのまにか視点が「長期」から「今期」に転換してしまい、目先の利益をどう稼ぐかに関心がいってしまうことも珍しくはない。また、地域経済が一〇％以上縮小するなかで、自行は（現状の延長線上の取組みで）これまでと同様の成長を目指すといった、楽観的すぎる姿が描かれることもある。そこで、行内で長期ビジョンの検討を有意義なものとして行うためには、特に四つの点に意識をしながら進めるとよいだろう。

① 多面的な観点で、将来何が起こるのかを見つめる。
② 地域や自行の将来は、定量的に押さえる。
③ 自行の強みを、理解する。
④ 将来の世代の幸せを考える。

① 多面的な観点で、将来何が起こるのかを見つめる

月のねらった場所に月面着陸船を着陸させるためには、着陸船の性能を考える前に、当然のことながら月がどう動くのか、月面はどういう地形になっているのかを知っておく必要がある。しかし、地方銀行が長期ビジョン（中計でも同様のことが起こりうるが）を考えようとすると、自身を取りまく外部環境の変化にはあまり目を向けずに、自行の現状をスタートラインとした自己中心的・近視眼的な検討になってしまいがちである。

自行の未来は、言うまでもなく日本経済や、地域、金融ビジネスの動向に影響を受ける。そこで、まずは自行のことは横に置いておき、多面的な観点から自行の将来に影響を及ぼしうる情報をインプットし、頭を整理していくことをお勧めする。長期ビジョンで描く将来の世界では、地

図表2－4　長期ビジョン策定の進め方（A.T.カーニーの支援事例より）：大きなテーマから、だんだんと身近なテーマへと移していく

	[第1回]	[第2回]	[第3回]	[第4回]	[第5回]
	日本経済の将来を見通す	地域の将来を考える	金融機関の将来を考える	自行の将来を考える	長期ビジョンを考える
目的	・日本の将来見通しを共有 ・成長ビジョンの検討にあたり、大きな影響を及ぼしうる要素につき意見交換	・自行が基盤とする地域の将来見通しを共有 ・「地域」をキーワードに、意見交換	・金融機関の将来見通しを共有 ・「金融機関」をキーワードに意見交換	・自行を取りまく環境・成り行きの姿を共有 ・「自行の将来」をキーワードに意見交換	・10年後を見据えた長期ビジョンを策定

（出所）　A.T.カーニー

域やそこで暮らす人の生活、金融機関の存在はどうなっているのかをイメージしてみるのである。

将来をイメージするにあたっては、「日本経済」など大きなテーマから入っていき、「地域」「金融ビジネス」、そしてようやく最後に「自行」と、だんだんと身近なものへと移していくとよいだろう（図表2－4）。たとえば、「地域」の将来をイメージするにあたっては、人口や企業・事業所の数が将来は何割減るのか、若者が地元に残って働いている姿が思い浮かべられるか、地域内での消費活動が活発に行われる将来となっていそうか、地元経済を支えてきた産業は強いままでいるか、大都市資本の大企業の影響を受けて地元の中小零細企

業が廃れてはいないだろうか、などを想定してみる。そのうえで、結果として地域の将来はどんな姿になっているのかをイメージしてみるのである。

取締役会メンバーなど複数名で検討を進める場合には、各テーマの将来見通しを討議材料として共有（インプット）したうえで、「どんな将来像（地域、金融環境、等）となりそうか」「将来に向けて、自行として守り続けたいことは何か」「変えなければならないことは何か」などについて意見交換を繰り返しながら、長期ビジョンのポイントとなるキーワードをあぶりだしていくと、検討がスムーズにいきやすい。

② 地域や自行の将来は、定量的に押さえる

長期ビジョンを掲げて、変革にチャレンジしていく際の原動力は、「ワクワク感」、もしくはこのままいったら大変だという「健全な危機感」のいずれかである。このうち、「健全な危機感」を醸成するためには、定量的な数字が大きな力をもつ。

外部環境の変化について、地域の将来は厳しいよね、事業所数も減っていくよね、という定性的な議論のままでは現実味も湧いてこないが、「事業所数はこの先一〇年で二〇%減少する」と定量的に算出してみることで、議論がぐっと真剣味を増してくる。ここでは、人口予測のように公的機関等が発表している数値だけに限ることなく、自行の将来を考えるうえで必要ならば推計もしながら（高度な推計は必要なく、過去五年間の変化率をそのまま将来に引き延ばすだけでも議論用

図表2－5　自行の将来シミュレーション：悲観的なシナリオにも目を向けて、成り行きの姿を考えてみる

	直近期		10年後 シナリオ1	10年後 シナリオ2	10年後 シナリオ3	10年後 シナリオ4
主な前提	—	市場環境	人口・法人数の減少なりに縮小			
		自行施策	営業強化・コスト削減等の施策は、現状と同程度行い続ける			
		競争環境（シェア） 法人融資	現状維持	競合度が高い地域並みのシェアまで低下	競合度が高い地域並みのシェアまで低下	競合度が高い地域並みのシェアまで低下
		競争環境（シェア） その他		現状維持	競合度が中程度の地域並みのシェアまで低下	
預　金	○兆円		○兆円	○兆円	○兆円	○兆円
貸　出	○兆円		○兆円	○兆円	○兆円	○兆円
業務純益	○億円		○億円	○億円	○億円	▲○億円

（出所）　A.T.カーニー

には十分である）数値予測をつくっていくことも必要となる。

自行の将来についても同様で、楽観的なものから悲観的なものまで四つ程度のシナリオを策定し、それぞれで利益水準がどうなるかをシミュレーションしてみるとよい（図表2－5）。もっとも悲観的なシナリオの数字をみたときには身震いが起こるかもしれないが、だからこそ「健全な危機感」が醸成されてくるのである。なお、このシミュレーションは公表するもので

はないので、外部の目を気にして手心を加えることなく、できるだけ客観的に数字をはじかなければ意味はない。

③　自行の強みを、理解する

三つめのポイントは、現在の自行の強みを正しく理解したうえで、存在意義や、将来の提供価値を考えていくことである。長期的な視点で、どのように地域の役に立っていくかを考える際に、ベースとなるのはこれまで自行が培ってきた強み・よさとなる。しかしながら、地方銀行の場合には、自行の強みをきちんと理解していないケースも多いように感じる。「金利・条件の勝負に勝てている」というのだけではなはだ寂しいし、「顧客が親しみやすさを感じている」というのも大事ではあるが、それだけで将来も安泰かというと心もとない。顧客がなぜ自行を選んだのか、自行には何を期待しているのか、そしてその期待にはどこまで応えられているのかを、もし把握できていないのであればアンケートをとってでも捕捉してみるべきである（第6章のCE＝カスタマー・エクスペリエンスも参考にしてみてほしい）。

④　将来の世代の幸せを考える

最後のポイントは精神的なものとなるが、特に経営陣が長期ビジョンを検討する際には意識をしていただきたい。強く意識をし続けないと、無意識のうちに「自分の世代の幸せ」を考えてしまいがちであるが、長期ビジョンでは「将来の」地域・顧客・行員にとって、何が幸せなのかを考える必要がある。これは、若い世代のためにという意味もあるが、単にそれだけではない。現在の地域や顧客・行員の姿と、将来のそれらとは大きな違いがあるかもしれない。その違いを頭に思い描きながら、将来のために価値あることは何かを考えていく必要がある。

長期ビジョンの原案ができたら、地域社会の目線、顧客の目線、行員の目線のそれぞれから共感できる内容になっているかチェックを行い、問題がなければ長期ビジョンの策定はひとまず完了である。もちろん、長期ビジョンの「策定」は入口の一歩にすぎず、「実現」できるかが重要となる。長期ビジョンが一〇年先を見据えたものであるならば、三回の中計を経て長期ビジョンで目指した姿の実現にたどり着くよう設計するとわかりやすいだろう。そのなかでも、大きなジャンプが必要となる変革のポイントについては、一〇年後に目指す姿から逆算して、六年後にはどこまで、三年後にはどこまでといった具合に、たどり着いていなければならない姿も示しておくと、対応の先送りが防ぎやすい。そして、初年度から文字どおりのロケットスタートを切る覚悟で取り組まないと、一〇年後に思ったところに到達できないだろう。

本章では、地方銀行の長期ビジョンについて考えてきた。これまで地域経済が伸びてきたなかでは、長期ビジョンをもたずとも、ないしは強く意識することがなくても、地方銀行の経営には問題はなかった。しかし、地域経済が縮小局面に入っていくなかで、「茹でガエル」とならずに地域の役に立つ存在であり続けるためには、自行なりの長期ビジョンを考えて、その実現に向けて非連続な変革も起こしながら、組織全体が本気をあげて取り組んでいかないとならない。

第 3 章

地域戦略

1 「地域をこうしたい」という意思をもつ

長期ビジョンの検討を通じて、地域の将来を真剣に見つめてみたならば、自行のみでなく、「地域をこうしたい」という思いが出てくるのも自然なことである。地方銀行の地域への貢献の仕方として、地域そのものの将来や活性化策を考えることがあってもよいだろう。

しかしながら、地方銀行の方々と話をすると、「地域活性化を考えるのは地方公共団体の仕事」という声を多く聞く。正論である。しかし、正論であったとしても、実際に地域が活性化しなければ困るのは地方銀行自身でもある。また、過去から振り返ってみて、地域活性化の取組みが功を奏したと実感できているだろうか。いまはまだ実感できていなかったとしても、将来的には大丈夫そうだろうか。筆者には、かなり心もとなくみえている。「日本全体として縮小基調に入るのだから仕方ない」という声も聞こえてくるが、だからといって地域を見殺しにしていいわけではない。有効な策がとられなければ、二極化の流れのなかで多くの地域は「縮小」を超えて、早晩「衰退」に向かってしまうだろう。地域には、地方公共団体のほかにも民間の上場企業・大手企業・地場有力企業なども存在しているが、彼らが地域の将来像を真剣に考えるとは思えないし、その力量にも限界はある。結果として、地域から逃げることはできず、地域における民間最高の頭脳集団である地方銀行が、地域の将来を考えていくしかないのではないだろうか。知恵も、資金も、そして動き出したら突き進む行動力も有している地方銀行が、「本気で」考えた地域の将来像が、その地域の将来の姿のＭＡＸになるとも思っている。本章では、地方銀行の地域貢献の一つの姿として、地域戦略の検討を取り上げてみる。

2　なぜ地域活性化の取組みはうまくいかないか

各地域で、各関係者が一所懸命に地域活性化の策を考え、実行に向けて取り組んでいるのは非常に望ましいことである。しかしながら、これまで地域活性化の効果が感じられていないとしたら、背景には二つの課題がありそうだ。

◇地方公共団体任せの限界

地方公共団体は、地域の成長プランを掲げて、地域活性化を推進してきている。しかし、その内容をみると、本当に効果があるものか疑問をもたざるをえないものも多い。典型的な例をあげてみよう。

①　総花的なプラン

地方公共団体が作成した成長プランをみると、多岐にわたる分野について描かれている。地方公共団体の立場上、特定の産業や地域への肩入れは行いがたく、逆に注力をしないとも書くことはできない。結果として、各関係団体に配慮をした小口分散で、優先度の濃淡もない総花的なプランができあがっているようにみえる。もちろん、これらのプランがすべて実現したら、素晴らしい地域になるのは間違いない。しかし、予算や投入できる資源にも限界があるためメリハリに乏しく、薄く広くの取組みとなり、すべての領域において、ないしは将来のために大きな変革が求められる領域について、目立った成果をあげることができずに終わってしまう危惧がある。

②　具体性の欠如

成長プランで目標として掲げた各項目は素晴らしいものであっても、それを実現させるためのＨＯＷ、すなわちアクションプランが不十分なケースも多い。アクションプランがそもそも定められていない場合（欠如）もあれば、定められてはいるものの抽象的なレベルにとどまっているもの（あいまい）、もしくはアクションプランをすべて実行したとしても掲げた目標は達成できないもの（不整合）もある。アクションプランが具体的になっていれば、その実行も期待できるが、そうでなければ目標が実現できるかは心もとない。

③ 目標管理が不十分

各項目の目標が、定量的に示されるケースは以前と比べると増えてきている。長期ビジョンでも述べたように、定性的な目標では達成を判断するのもあいまいになってしまうため、定量的な目標が設定されていることは評価できる。ただし、目標を達成させるための道筋となる目標管理は不十分なようにみえる。プラン最終年度での目標達成に向けて、途中年度での中間目標が定義されていないケースも珍しくない。また、定義されていても、明らかな目標未達であってもあいまいな評価にとどまってしまい、最終年度に向けたアクションプランの見直し（リカバリープランの策定）は行われずに、結果として未達が最後まで続いてしまうのである。

こうした課題がわかっているなら、地方公共団体が変革を遂げれば地域の活性化は実現するとも考えられる。しかし、地方公共団体が変わることに期待していても、時間は過ぎゆくばかりである。そもそも、地方公共団体の立場上、「総花的」からの脱却がなしうるとも思えず、ビジネスの実態に詳しいわけでもないので「具体性」を高めることも困難だろう。こうなると、地域の将来プランを具体的に考えている主体は、実質的には不在に思えてならない。

◇ありたい姿の全体像不在

課題の二つめは、ありたい姿の全体像不在である。地域活性化に向けて数多くの施策は策定されているものの、それらを実行した結果として、「当地域の将来はどうなるのか」という全体像がみえてこない。女性の就業率を高める、交通網を整備する、待機児童数を減らす、県のブランド力を高める、子どもの学力調査の順位を上げる、スポーツの振興を図る、等々、個々の取組みは否定しないが、将来の地域の姿がみえてこないのである。縦割り組織のなかで、個々の部署がやりたいこと、やらなければいけないことを考え、それを寄せ集めたものが、地域の戦略になっているように思えてならない。

全体像の不在は、地方銀行のこれまでの地域活性化の取組みも同様である。商談会・ビジネスマッチングや経営改善支援など、地域密着型金融（リレバン）の枠組みのなかでできることをやっているが、個別企業の支援の域を脱し切れていない。また、地域のためとはいうものの、自行の預貸の拡大につながりやすい取組みや、不良債権化の阻止につながる取組みなど、短期的に自行のメリットにつながるものが並んでいる感も否めない。これらの取組みを通じて、どのような地域の将来像につながっていくのかは不明確（未定義）となっている。

もちろん、いままでの取組みはなんら否定するものではなく、今後も推進しなければならない。しかし、現状での地方公共団体の取組み、および地方銀行の取組みで、本当に地域は元気になるのだろうか。そもそも、どんな地域にしようとして、各々が取り組んでいるのだろうか。乱暴な整理とはなるが、地域の将来にとって大事なのは次の三つである。

●雇用が確保される。
●住民一人当りの所得水準が確保される。
●前記二つを実現するために、産業が活性化し地域のＧＤＰが拡大する。

この三つを意識しながら、地域の将来ありたい姿の全体像を思い描き、そのためにどのような取組みを行う必要があるのかを考え、実行していかないと、地域経済の縮小に抗うことはできないのではないだろうか。

地域活性化の課題を二つ取り上げてみたが、地域の将来のためには、地方銀行が地域の将来を考える主体になってほしい。もちろん、実行段階までのすべてをできるわけではないが、そこは関係機関を巻き込んでいけばいい。また、都道府県全体を地域ととらえて地域の将来を考えることの荷が重ければ、そのなかの特定の地域についてでもかまわない。これまでの銀行業務の軸とは異なる、おおいなるジャンプが求められる取組みとはなるが、地域の将来のためには、地方銀行以上の適役はいないのである。

スコットランドの発展に貢献したＲＢＳ

地域の発展に銀行が貢献した事例として、スコットランドのロイヤルバンク・オブ・スコットランド（ＲＢＳ）の活動を紹介する。

スコットランドは、石炭、鉄鋼、造船などの重工業が基幹産業であったが、一九七〇年代〜一九八〇年代にかけて、資源の枯渇や新興国の台頭を受けて重工業は衰退していった。基幹産業の衰退は雇用の受け皿の喪失につながり、スコットランドの失業率は、一時は一五％にまで達していた。

一九八〇年代になると、政府が重工業から電子産業への転換を推進したものの、効果は長続きしなかった。一九九〇年代には成長率が失速傾向となり、一九八五年に一〇・四％あったＧＤＰ成長率は、一九九五年には四・八％にまで落ち込んだ。また、失業率も以前よりは改善するも、依然として高水準で、一九九五年時点では八％台であった。

この失速トレンドを打開するため、政府はグローバル化という明確な戦略のもとで、一九九〇年代後半〜二〇〇〇年代にかけて、外資系企業の誘致、外国人労働者・外国人観光客の積極的な受入れ策をとり、経済活動への梃入れを行った。あわせて、地域に活力をもたらす存在として、中小企業やベンチャー企業の活性化にも注力をした。ここで貢献したのが、地元の金融機関であるＲＢＳである。ＲＢＳは、ロンドンや海外の金融機関から支援を受けられない中小企業やベンチャー企業に対し、融資にとどまらないさまざまな支援活動を行うことで、

図表３－１　スコットランドの中小企業数：1999年の23万社から2011年には31万社に達した

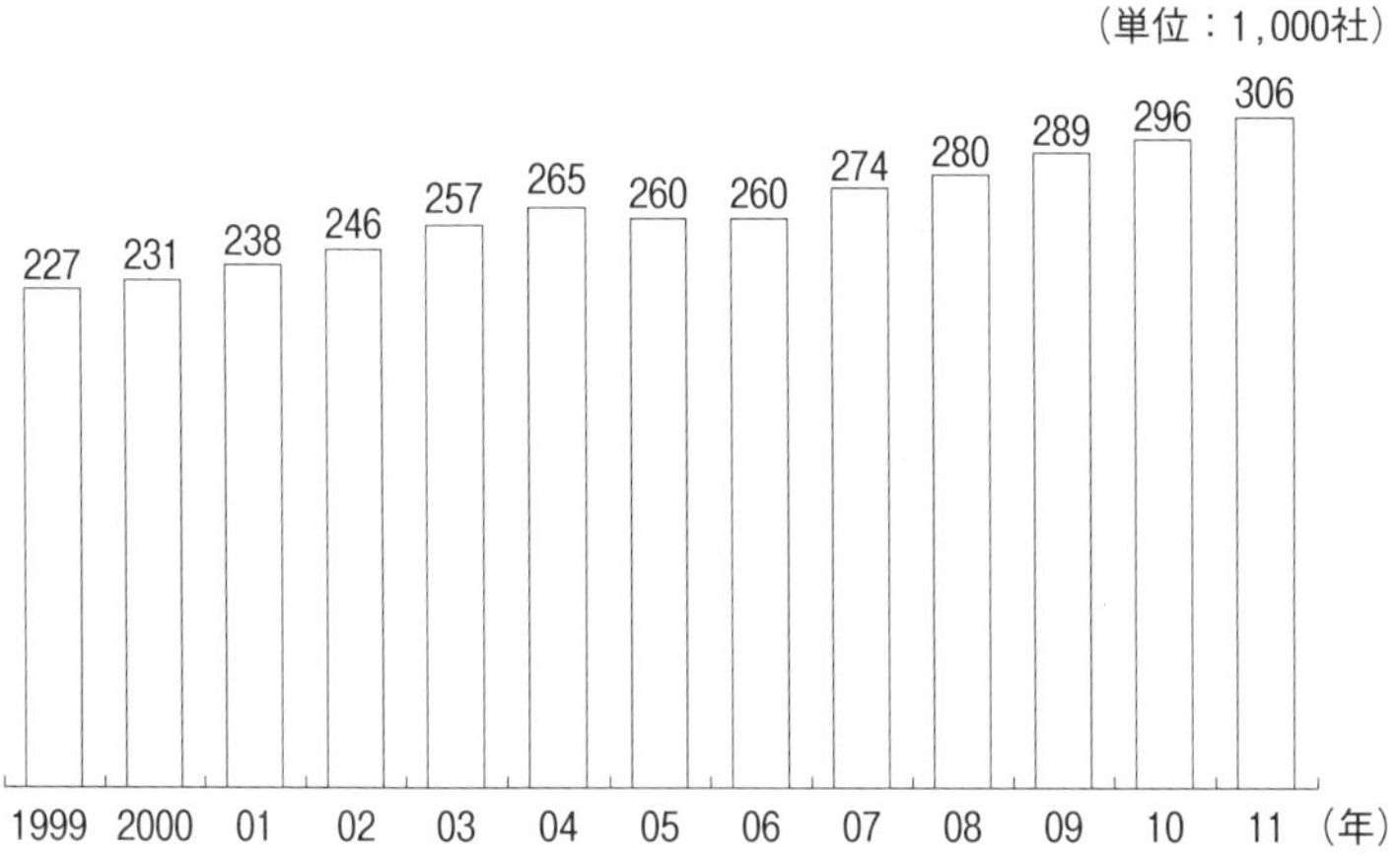

（出所）　スコットランド統計局

スコットランドの復興に一役買ったのである。

●地域振興ベンチャーファンドへの出資・協力……主としてスコットランドに所在する企業を支援するベンチャーファンドのスポンサーとなり、立上げにも参画。

●新興企業ビジネスコンペ……主としてスコットランドに拠点を有する新興企業のうち、短期間で売上げを伸ばした企業を大々的に表彰。この活動を通じて、新興企業の知名度向上や新興企業間のネットワーク構築をサポート。

●中小企業向けアドバイザー機関の設立……ＲＢＳが発起人となり、中小企業の金融業務に対してサポート、アドバイスをする機関を設立。

RBSのこうした取組みの成果もあり、スコットランドの中小企業数は一九九九年の二三万社から順調に増加し、二〇一一年には三一万社に達した（図表3－1）。スコットランド経済が成長するうえで地方銀行としてのRBSの存在は大きかったと、スコットランド復興の立役者としてRBSは支持され、高く評価されたのである。

その後、二〇〇〇年代に入りRBSは国際買収を仕掛けて急速に規模を拡大させたが、ABNアムロの部門買収が結果的に致命傷となり、リーマン・ショック後、公的管理下に置かれることになった。しかし、その後も地元スコットランドの中小企業向けファンドを創設するなど、中小企業の振興による地元経済の牽引と雇用の創出を支援しており、地域を支える姿勢を失っていない。

3 地方銀行による地域戦略の策定

地方銀行が、地域自体の戦略を考える際には、「将来予測」「ブループリントの策定」「戦略の検討」「関係機関の巻込み」の四つのステップで進めていくとよい。以下、順番に説明していく。

◇将来予測：健全な危機感を抱く

自行の長期ビジョン検討の際と同様に、まずは、このまま有効な策がとれなかった場合の、地域の成り行きの姿を見つめてみる。急速な少子高齢化の進展など社会動向の変化や、産業・経済の見通し、技術の進化、政策の動きなど、多面的な視点から、当地域の将来を想定してみるのである。この際には、地方公共団体が発表している統計データも活用して人口・雇用・GDPなど定量的に将来の数字を出すのはもちろんのこと、その結果として何が起こるのかの解釈を、将来の当地域の姿が映像的に思い浮かび上がるぐらいにまでしていくと、よりイメージが湧くだろう。ごく一部の都市部にある地域を除いては、厳しい姿が思い描かれることになるかもしれないが、ここでも、健全な危機感こそが、この先の変革につながる取組みの原動力となってくる。

◇ブループリントの策定：ありたい姿を考える

将来予測をしてみたら、その結果をふまえて「地域をこうしていきたい」というブループリント（青写真）を考えてみる。軸となる視点は、「優位性のある産業を持続ないしは育成・振興」し、「地域に暮らす住民の安全と安心の確立につなげる」こととなろう。すべての産業、すべての地域、すべての指標の底上げが理想だが、現実的には不可能であるし、総花を目指しては、地方公共団体のプランと代わり映えのしないものとなってしまう。意識すべきは、「自行として、地域をどうしたいか」を本音で考え、地域に対する「意思をもつ」ことである。外部に公表する必要はないので、特定の産業や地域をひいきしてもかまわない。実効性の伴わない立派なプランよりも、特定の領域であったとしても、そこでは目指す姿が実現できている社会のほうが、地域のためにも遥かに有用である。当地域の強み（特定の産業、など）や、既存の資産として活かせるもの（大都市までの交通の利便性のよさ、など）といった「当地ならでは」の視点や、「世の中の流れ（マクロトレンド）への対応」として今後つくりあげていかなければならないものなども視野に入れながら、こういう地域にしたいという姿を考えるのである。

また、ブループリントを描くにあたっては、将来の姿として意識する指標と到達目標も明らかにしておく必要がある。これは従来の地域活性化の取組みにもいえることだが、「地域活性化」という言葉こそ共通のものとして語られているものの、ある人は「地域GDPの維持・発展」をイメージし、別の人は「観光客の増加」というレベルでイメージしていることも珍しくない。これでは、同床異夢であり目標の達成はおぼつかない。目指したい姿を実現した結果として、たとえば、「地域のGDPが○○になっている」「雇用吸収力は現在と同水準を確保している」という具合に、複数あってもかまわないので指標と到達目標を決めておくのである。

◇戦略の検討：ビジネスプランに落とし込む

ブループリントが描けたら、将来の成り行きの姿と比較をして、両者のギャップを埋める戦略を考えていく。ここでいう戦略とは、たとえば、「工業用精密部品産業の強化」「医療ツーリズムによる県外からの訪問者の増加」といったレベル感のものである。

①　戦略を洗い出す

一つ二つの戦略で、目標に到達できるほど容易なブループリントにはなっていないだろうし、すべての戦略が期待どおりに成功すると楽観視するのも危険なので、まずは考えられるだけの戦略をあげてみる。

戦略を洗い出す際には、当然のことながらブループリントで描いた指標・到達目標との整合を考える必要がある。ちなみに、例にあげた「ＧＤＰ」と「雇用」を指標とする場合には、ＧＤＰの創出効果が高い産業と、雇用吸収力の高い産業とが一致するとは限らない（オートメーション化が高度に進んだ産業は、ＧＤＰへの貢献は高いが雇用吸収効果は限定的である。他方で、農業に代表される労働集約的な産業はＧＤＰへの貢献は限定的だが雇用吸収力は高い）。戦略ごとに、どの指標に影響をもたらすのかを念頭に置きながら考えていかなければならない。

医療ツーリズムによる、アジア各国の地域活性化

地域を強くするためには、グローバルな需要を取り込むことも一案であり、アジア各国では、海外から患者を受け入れる医療ツーリズムによる活性化策を推進している。アジアにおける医療ツーリズムの先駆けともいえるタイでは、二〇〇九年の時点ですでに約一七〇万人の医療ツーリストを受け入れており、インドや韓国などでも同様の取組みは広がっている（日本での実績は、ほぼゼロに等しい）。

特にタイでは、低コストなことはもちろん、高品質も追求しているため、海外からの医療ツーリストを呼び込む原動力となっている。たとえば、医師は各国への留学経験やそれぞれの国の医師免許をもち、語学や文化を理解している。加えて、国立大学付属病院の専門医が多く、先進国並みの医療技術を備えている。また、一三言語に対応できる一〇〇人超の通訳や各国料理をそろえたレストランなど、リゾートホテル並みの施設・サービスも提供している。

海外から来る医療ツーリストにとっては、レベルの高い医療を割安で受けられることが魅力となっており、迎える国・地域としても医療ツーリスト本人や同行する家族の宿泊施設や、交通網の整備などによる経済効果が、地域活性化につながるメリットとして期待されている。

② 戦略に優先順位をつける

戦略を洗い出せたら、それぞれの戦略について概算でかまわないので想定されるインパクト（指標への影響度）を試算し、実現難易度も加味したうえで取組みの優先順位をつけてみる。この段階で、ブループリントで描いた目標に到達するためには、いくつの戦略に取り組む必要があるかもみえてくることになる。

③ ビジネスプランを考える

優先順位をつけた結果、検討を始めるべき優先度の高い戦略については、大枠のビジネスプランを考え、より実効性の高いものへと進化させていく。自行のみでは検討しきれない場合には、外部の力も活用しながら進めていくとよいだろう。

【ビジネスプランの内容】

●ビジネスモデルの検討

・どのようなビジネスの仕組み・特徴とするか

・ターゲットとする顧客はだれで、どのようなニーズがあるか

・だれがどのようなサービスを提供するか

—サービスの〝キモ〟は何か

・サービス提供にあたって、必要となる資産・スキルは何か

—地域内で活用可能な資産・スキルは何か
—地域外から新たにもってくる必要がある資産・スキルは何か

●ビジネス規模の推計
・想定される市場規模はどの程度か
・到達目標（例：GDP創出効果、雇用吸収効果）へのインパクトは

●投資額の推計
・サービスを実現するために、充足すべきものは何か
・充足するために必要となる投資金額は

●実行上の課題の明確化
・想定される実行上の課題は何か
・課題への対応策は何か

●推進体制の立案
・企画・準備・実行の各段階において、どのような体制を構築するか
—「産」「官」「学」の地域内での担い手は
—地域外からの補完が必要な機能と担い手は

●スケジュールの策定

・ビジネスを、どのようなステップで展開するか
・直近のアクションプランは

●自行の役割の明確化

・戦略の実行にあたり、自行はどのような役割を果たすか

ビジネスプランを考えることは、慣れないとむずかしく感じるかもしれない。しかし、検討の範囲こそ違えども、個々の企業レベルでは同様のことをビジネス展開の基本として考えている。地域戦略の枠を離れて、個別の取引先への支援に置き換えてみても、顧客の立案したビジネスプランをチェックすることや、よりよいプランとするために実権者とディスカッションできる能力は求められるはずであり、地方銀行として高めてほしいスキルの一つとなる。

◇関係機関の巻込み：産官学に働きかける

戦略のビジネスプランまで描けたら、実現に向けて「推進体制」で検討した関係各所に対して、取組みの意義・ビジネスモデル・期待する役割等を伝達し、計画への協力要請を行っていく。地域の成長に関するブループリントや、検討した戦略があったうえでの協力要請のため、何もないよりは協力を得やすい。なお、協力を仰ぐ際には、「産」「官」「学」それぞれのクセをふ

まえたうえで対応の仕方を変えていく器用さは身につけておいたほうがいいだろう。

●「産」……自社の利益につながりそうな話であれば、賛同を得られる可能性は高い。説明の際には、当該企業にとってのメリットを明確に（できれば、定量的に）打ち出すことがポイントとなる。

●「官」……公平性への強いこだわりと、信頼関係の構築がポイントとなる。前者は立場上、やむをえない面はあるが、一方で実行上の阻害要因ともなりかねないため、官の協力が必要不可欠な戦略に限って協力を打診するよう絞込みも必要であろう。後者は、従来からあるトップ同士（地方公共団体の長と、自行の頭取・役員）の関係性を活用するとともに、地方公共団体の関係者への説明会実施、一部の施策では検討・実行の当事者として地方公共団体のなかに入り込んで協業の姿勢をみせるなど、あらゆる手を使っていくことも必要となろう。手間がかかるかもしれないが、地方公共団体との連携を進めるうえでは必要な工数と覚悟して対応してほしい。

●「学」……ビジネスよりも研究に興味があるため、戦略実現のための役割に応じることで、どのような新たな知見を得られそうなのかを打ち出していくとよい。

これらの活動を通じ関係機関の賛同を得て、巻き込むことができたなら、地方銀行は全体調整や、資金面での対応など、自行として定めた役割を担っていきながら、地域のブループリントの実現に向けて一歩一歩、進んでいくことになる。

4 研究開発部門をもつつもりで取り組む

本章では、地方銀行が「地域をこうしたい」という意思をもち、地域のブループリントを描いて、関係者を巻き込みながら実現に向けて動いていく取組みについて説明をしてきた。これは、従来の地方銀行の業務とは大きく異なり、難易度は高い。また、短期で結果が出るものではないため、地方銀行の習慣からすると、積極的な資源（人員）の投入も行いにくい領域であろう。

しかし、だれかがやらなければ、地域は加速度的に衰退していく可能性があるのも事実である。地域を捨てる、もしくは地域外を主体に活動ができる企業であればいいが、地方銀行は地域と一体であり、目をそむけるわけにはいかない。取り組んでいくためには、むずかしいテーマであるがゆえに、行内のエース級人材の投入も必要であろう。また、それらの人材には、従来の銀行員に求められる要件とはまったく異なる、金融以外も含めた幅広い知識、強い推進力、産業全体の課題解決力、複数の産業・企業との調整力などが求められる（図表3－2）。さらには、長期

図表３－２　地域活性化にかかわる人材：従来の銀行員とは、求められる役割も人材要件も異なる

		従来の銀行員	地域活性化にかかわる人材
役割		・取引先企業（単体）を支援することでの直接的な収益の確保	・地域全体のビジネスを支援することでの収益確保の土壌づくり
人材要件	知識	・深い金融の知識 ・取引先の業界・業務の知識	・政治・経済・社会・技術に関する知識 ・幅広い業界の知識
	スキル	・個別企業の課題解決力 ・複数の企業の調整力 ・サポート力	・産業全体の課題解決力 ・複数の産業・企業の調整力 ・強い推進力 ・ビジネスモデルの企画力 ・ビジネスの目利き力

（出所）　A.T. カーニー

での取組みとなるため三年程度での人事ローテーションを原則とした人事ルールの見直しも必要となろう。いずれも地方銀行のこれまでの常識からは外れたものとなるが、業界外に目を転じれば、研究開発（R&D）として長期を見据えた活動や人材配置をしている企業は多い。地域戦略の検討・推進を、まさに研究開発的なものと考えれば、他業界でできるのに、地方銀行でできない理由は乏しい。

　地域の将来のための取組みとして、営業部門が担っているビジネスマッチングを主体とした地域活性化の取組みとは一線を画したものとし、頭取直轄の組織を構築するぐらいの決意のもとで、地域戦略への対応に取り組んでみてほしい。

ファンドの活用による地域企業の育成

地域活性化の一環として、成長期待先に対するファンドを活用した支援も注目されている。一方で、過去に行われてきた地方銀行によるベンチャーファンドは、成功したという声をあまり聞かない。ファンドは、極論すれば「お金」と「人」がすべてとなるが、地方銀行系のファンドは「人」の面で課題があったと言えよう。長年〝融資〟の世界で育ってきた銀行員のDNAといってしまえばそれまでだが、一〇〇点満点を追い求める発想や、審査の視点でベンチャー企業をみてしまうがゆえに、せっかくのファンドにもかかわらず適切なリスクをとることができなかったのではないだろうか。また、基本的には地域内での活動となるため、ファンドのリスク軽減策となる分散投資をしようにも案件数が少なすぎたり、広範なファンド主催者との交流も十分に行えなかったりと制約もあったに違いない。

これから先、ファンドを活用して地域社会に貢献していくためには、自行出身者による運営にこだわることなく、外部人材の登用、独立系ファンドとの提携による人材・ノウハウの吸収も積極的に進めていくべきである。そして何よりも、地域の将来のために、時には「捨て金」を使うくらいの発想をもつことも必要だろう。

第 4 章

統合・再編

1 統合・再編とともに歩んできた地方銀行

地方銀行の統合・再編は不可避、との議論が従来から根強く存在している。近時も、第1章で概観したように将来的な市場の縮小を見据えて、統合・再編の話題が多くなってきている。地方銀行の経営陣の肌感覚としても、いますぐにではないものの、いつかは避けられないといった感じであろうか。筆者は、将来を見据えれば大規模な統合・再編は進むと考えているが、それ自体が目的と化すような、単なる規模の確保のための統合・再編には反対である。長期ビジョンで考えた、自行としてやりたいことを実現するという文脈のなかにおいて、必要であれば統合・再編も視野に入れるというのが、あるべき姿だと考えている。

まずは、将来的な統合・再編の可能性を論じる前に、これまでの地域金融機関の統合・再編を概観しておきたい。統合・再編とともに歩んできた地方銀行の歴史が理解できるだろう。

◇銀行誕生～昭和末期：ピーク時には二〇〇〇以上の銀行があった

日本での銀行の起源にまで立ち戻ると、明治六年（一八七三年）に最初の国立銀行（National Bankの訳語。国法に基づいた銀行という意味で、民間の銀行である）として東京第一国立銀行が開業して以降、国立銀行条例の改正を経て明治一二年（一八七九年）に国立銀行の設立が禁止されるまでに一五三行が設立された。その後、国立銀行から私立銀行への転換なども進み、明治三四年（一九〇一年）のピーク時には、実に二三五八行もの銀行が存在した。これらの銀行は、現在の第一地銀の源流となっており、昭和初期の段階でも一二〇〇行を超える銀行が存在していた。

これらとは異なり、日本に古くから伝わる無尽という庶民間の相互扶助のシステムから発展した無尽会社は、現在の第二地銀の源流となっている。無尽会社が免許制になった大正初期以降では、昭和八年（一九三三年）に最大となる二七六社が存在していた。

金融恐慌・政府による銀行合併の推進・政府による銀行存続要件の強化を主な理由として、二三五八行が昭和の終わりには六四行に（第一地銀）、二七六社が六八行（相互銀行→第二地銀）となった。いかに激しい統合・再編（もちろん淘汰も）が行われてきたかが伝わってくるだろう。

◇平成：地方銀行が二割も減少

平成になった段階で、第一地銀と第二地銀とをあわせて一三二行あった地方銀行は、現在では一〇五行（▲二七行。▲二〇％）となっている。

数だけをみると、第一地銀と第二地銀とでは様相は大きく異なり、第一地銀は平成元年（一九八九年）時点で六四行あったものが、一減一増した結果として現在も六四行のままである。

図表4－1　地方銀行数の変化（平成以降）：第一地銀は変化なし。第二地銀は68行から41行へと減少した

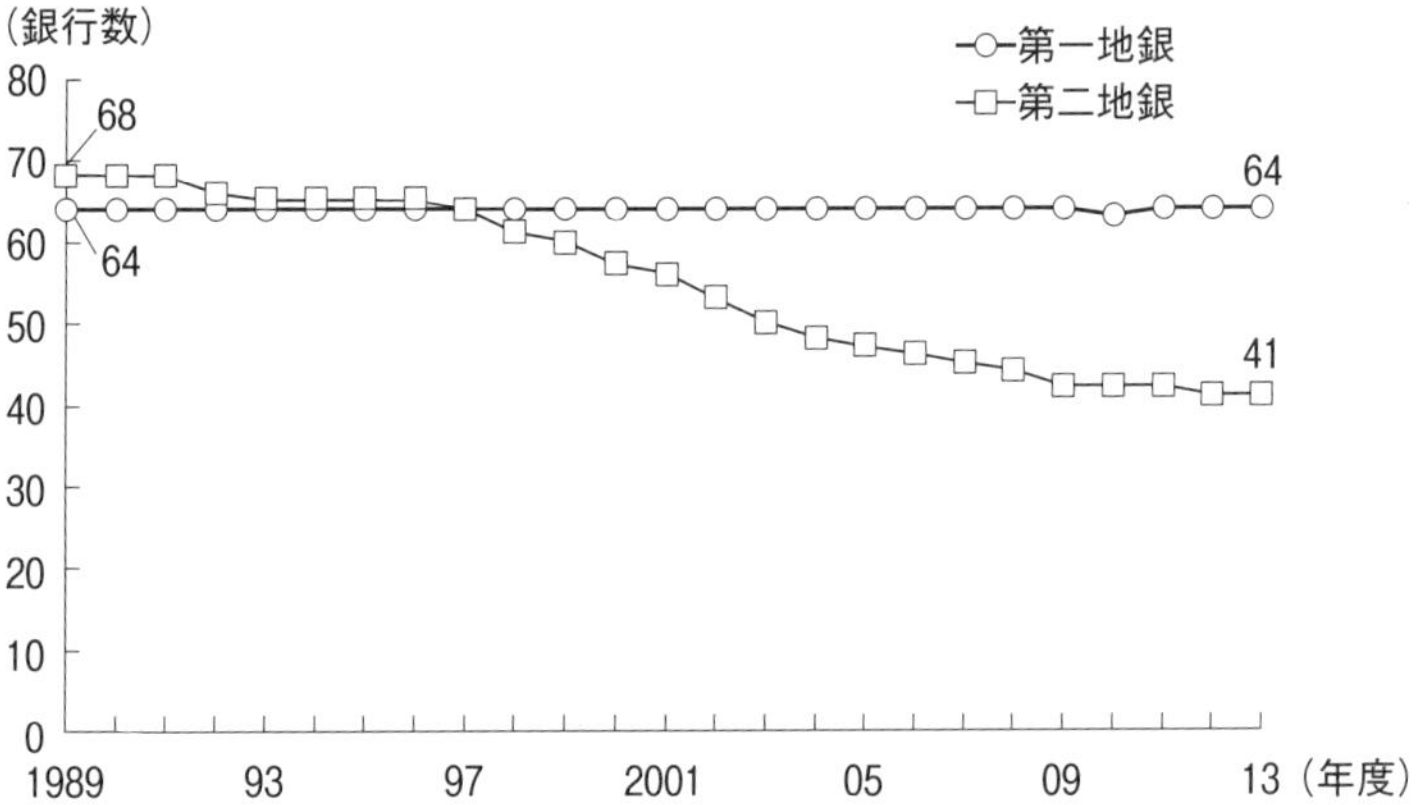

（出所）　預金保険機構「預金保険対象金融機関数の推移」、日本金融通信社「最新の業態別金融機関数」、財務省「主要金融機関店舗数」

一方の第二地銀は六八行あったが（普銀転換が未了だった相互銀行を含む）、現在では四一行（▲二七行。▲四〇％）となっている（図表4－1）。この差は、第二地銀が相対的に資本や内部留保の厚みに乏しかったため、バブル崩壊等の影響をより強く受け、破綻および他行との再編に踏み切ったために生じている。ただし、数こそ変わっていないものの、第一地銀も統合・再編とは無縁ではなかった。持株会社の設立による複数行でのグループ形成（例：北海道銀行と北陸銀行による、ほくほくフィナンシャルグループ）や、第一地銀同士での合併（池田銀行と泉州銀行の合併）、第二地銀との合併（例：山陰合同銀行と、旧・ふそう銀行の合併）など、第一地銀といえども統合・

再編という点では渦中の存在であったといえる。

相互銀行の普銀転換が落ち着いた、平成二年（一九九〇年）以降の地域金融機関の統合・再編を数えてみると、二七件（同一銀行の、複数回にわたる統合・再編は複数カウント）あった。これを統合・再編のパターンで分類すると、次のようになっている（図表4－2）。

●対象行

・第一地銀同士：三件（一一％）

・第二地銀同士：一〇件（三七％）

・第一地銀と第二地銀：一二件（四四％）

・持株会社と第一地銀：一件（四％）

・第二地銀と信用金庫：一件（四％）

●地　域

・同県：一六件（五九％）

・近隣県：一〇件（三七％）

・飛び地：一件（四％）

●形　態

・合併：一三件（四八％）

図表4－2　1990年以降の統合・再編：27件の統合・再編があった

名称	年度	対象行	地域	形態	公的資金
山陰合同銀行	1991. 4	第一地銀と第二地銀	近隣県	合併	なし
伊予銀行	92. 4	第一地銀と第二地銀	同県	合併	なし
熊本ファミリー銀行	92. 4	第二地銀同士	同県	合併	なし
北都銀行	93. 4	第一地銀と第二地銀	同県	合併	なし
関西さわやか銀行	98.10	第二地銀同士	近隣県	合併	なし
みなと銀行	99. 4	第二地銀同士	同県	合併	あり
八千代銀行	2000. 8	第二地銀と信用金庫	同県	合併	なし
北洋銀行	01. 4	第二地銀同士	同県	持株会社化の後に合併	なし
もみじHD	01. 9	第二地銀同士	同県	持株会社化の後に合併	あり
親和銀行	02. 4	第一地銀と第二地銀	同県	持株会社化の後に合併	なし
関東つくば銀行	03. 4	第一地銀と第二地銀	同県	合併	なし
関西アーバン銀行（1回目）	04. 2	第二地銀同士	近隣県	合併	なし
ほくほくFG	04. 8	第一地銀同士	飛び地	持株会社	あり
西日本シティ	04.10	第一地銀と第二地銀	同県	合併	あり
きらやか銀行	05.10	第二地銀同士	同県	持株会社化の後に合併	なし
紀陽銀行	06. 2	第一地銀と第二地銀	同県	持株会社化の後に合併	あり
山口FG	06.10	第一地銀と第二地銀	近隣県	持株会社	あり
ふくおかFG（1回目）	07. 4	第一地銀と第二地銀	近隣県	持株会社	あり
ふくおかFG（2回目）	07.10	FGと第一地銀	近隣県	持株会社	あり
フィデアHD	09.10	第一地銀同士	近隣県	持株会社	なし
池田泉州銀行	09.10	第一地銀同士	同県	持株会社化の後に合併	なし
筑波銀行	10. 3	第一地銀と第二地銀	同県	合併	あり
関西アーバン銀行（2回目）	10. 3	第二地銀同士	近隣県	合併	なし
トモニHD	10. 4	第二地銀同士	近隣県	持株会社	なし
十六銀行	12. 9	第一地銀と第二地銀	同県	合併	あり
じもとHD	12.10	第二地銀同士	近隣県	持株会社	あり
東京都民銀行・八千代銀行	14.10（予定）	第一地銀と第二地銀	同県	持株会社（予定）	あり

（注）「公的資金」は統合・再編前の投入状況。
（出所）金融庁「経営健全化計画提出資料」、各種報道資料、各行ホームページ

・持株会社化の後に合併：六件（二二％）
・持株会社（銀行の合併なし）：八件（三〇％）
●公的資金（統合・再編「前」）
・あり：一二件（四四％）
・なし：一五件（五六％）

2 大規模な統合・再編は不可避

統合・再編の歴史を概観してみたが、それではこの先はどうなるのだろうか。地域経済の縮小や、利益を稼ぎにくい構造をふまえると、先にも少し触れたとおり、将来的には大規模な統合・再編は不可避だと考えている。本書執筆時点（二〇一四年夏）で、東京都民銀行と八千代銀行が統合準備を行っているが、地域の景況感の悪化や、預金・貸金の減少など縮小基調が明確になったときに、統合・再編に舵を切る地方銀行は増えてくると思われる。また、二年〜三年前と比べても、明らかに地方銀行の経営トップの統合・再編への関心が高いことから、象徴的な統合・再編が一つ起こると、堰を切ったように一気に統合・再編が進む可能性もある。

◇統合・再編は組織能力確保の「手段」

統合・再編は「手段」であって、「目的」であっては意味がない。場合によっては、自行が生き残ることを「目的」として、統合・再編を考えざるをえないケースが出てくるかもしれない。しかし、単なる規模の追求だけでは延命・時間稼ぎにこそなるが、抜本的な解決策とはならず、やがて再び落ち込んでしまうだろう。

期待も込めていうと、地域社会に貢献し続けるための長期ビジョンの実現や、自行の機能強化のための「手段」として、統合・再編を活用するケースが中心となってほしいし、そうでなければ意味がないと考えている。自行が生き残るかどうかが検討の主役ではなく、地域や顧客が主役として存在していて、そこに対して、長期ビジョンで考えた価値を提供するために、もしくは地域の津々浦々に従来どおりのサービスを提供するために、〝必要となる組織能力が備わっているか〟〝ビジネスモデルを維持できるだけの規模は足りているか〟を考えてみる。その結果として単独のままでも充足できると判断できれば単独路線をとればいいし、不足があるならば統合・再編を「手段」として活用していくのである。

◇持株会社形態が主流か

統合・再編の組織形態は、大きくは合併か、持株会社形態かのいずれかとなる。このほかに、業務資本提携をとる形態もあるが、期間を経た後に、合併もしくは持株会社に移行するケースが大半になるだろう。このうち、今後の主流になるのは持株会社形態と予測する。

合併は、本部機能の一本化など効率化効果は大きいが、要する労力も多大とされる。それでも、明確な優劣がついた合併であれば、新銀行における提供サービスの選択に迷いが生じにくく、スピード感も発揮しやすいので、まだよい。しかし、対等の精神による合併の場合には、新銀行の事務やサービスの選択に際して、「お客様にベストなものを」という標語は掲げられるものの、実態としては銀行内部の目線での選択となりがちである。「この事務は自行のものを採用したから、あの事務は相手行のものを採用しておこう」といった〝思いやりコスト〟も生じるうえに、検討にも時間を要し、結果として地域・顧客にとってベストなものとはなりにくい。

統合・再編を「手段」として活用する場合に、大事なのは地域や顧客へ価値を提供する能力の強化となる。持株会社形態の利点は、合併コストをかけずとも、持株会社傘下行の有するハイレベルなサービスを、単独行として機能装備するよりもローコストで提供可能となる点である。さらには、傘下に入る銀行の名前が残ることも大きい。地方銀行の場合には、地元に根差してきた歴史があり、地域・顧客も自分たちの銀行という愛着を強くもっている。合併により銀行の名前が変わってしまうと、その愛着が薄らいでしまう危険性は無視できない。

さらにその先の将来にまで目を向けると、地方銀行が顧客接点への対応に特化して地元地域で営業をする、「代理店スタイル」へと進化するのではないかとも考えている。地域経済が縮小し、利益水準の低下も余儀なくされる時代がやってくると、中規模以下の地方銀行が勘定系システムや事務を自行独自（システムは、共同化という選択肢をとろうとも）で保有する負荷は相当に重いものがある。そうなれば、これまでどおりの銀行名を名乗りながら、最も守りたい資産である顧客との対応にほぼ専念をして、システムや事務のみならず、リスク管理・商品開発といった戦略的機能も、総務・調達・経理事務・給与支払事務・不動産管理などのシェアードサービス機能もできる限り持株会社に任せてしまう時代がやってくるのではないだろうか。

◇エクセレンシーを核にグループを形成

統合・再編が進むと、持株会社の傘下に五行〜一〇行が名前を連ねる地域金融機関グループが、全国に一〇個程度誕生してくると予測する。その組合せは、地域に価値を提供するための組織能力の移転という目線でみると、「第一地銀＋第二地銀」の形態が主流になってくるのではないだろうか。顧客としても、第一地銀との相対感で、一般的にはサービスの提供力に劣後する第二地銀が、第一地銀が核となる地域金融機関グループの一員となり、ハイレベルなサービスを提供できるようになれば、サービスのレベル向上という恩恵を受けられる。また、地元の第一地銀・第二地銀が、ともにレベルの高いサービスを提供できるようになることで、サービス選択の幅も増える。

なお、グループの核となるのは、必ずしも規模が大きな地方銀行とは限らない。組織能力の向上・ハイレベルなサービスの提供をするための手段としての統合・再編であれば、地域・顧客への提供価値に「特徴的な強み（エクセレンシー）」のある地方銀行が軸となったグループ形成が望ましい流れとなる。この場合、グループとなる地方銀行は近隣である必然性はないため、日本全国にまたがった広域グループ（ネクストメガバンク）の誕生となる。

統合・再編を考える地方銀行が、どこのグループの一員となるかは、勘定系システムが同一の先といった目先の現実的な視点があるのもわかる（統合・再編の主要なねらいではないものの、そうはいっても効率化効果を早期に具現化したい場合には、勘定系システムの費用を落とすことが必須となるのも事実である）。しかし、「この指とまれ」とばかりに、エクセレンシーをもち核となりうる地方銀行のもとに、そのエクセレンシーに魅力を感じた地方銀行が集まってくる姿が実現してほしいと願っている。エクセレンシーをもった地方銀行が、グループに入ると何が得られるかのポリシーを打ち出すことで、他の地方銀行を惹きつけていくのである。

【ポリシーの主要項目】

●グループとしての地域・顧客に対する考え方
●地域・顧客に提供可能となるサービス（価値）
●持株会社が担う機能
●傘下の各行が、従来どおり個別に判断・実施してよいこと
●経営陣を中心とした人材配置のルール
●資金配分・還元のルール

地方銀行の経営陣の方々との議論のなかで、統合・再編の相手を選ぶ際の決め手は、最後にはトップ同士、あるいは銀行同士の親和性（ケミストリー）だという声も耳にする。単に近隣だから、システムコストが抑えられるからといった理由でのグループ入りよりも、目指す姿に共感できる相手と同じグループに入るほうが、地域・顧客にとっても、銀行・行員にとっても幸せなこととなろう。その観点でも、打ち出されたポリシーを比較して、どこのグループの一員となるのが望ましいかを検討できるようになるのが理想である。

持株会社のガバナンス形態

一口に持株会社といっても、ガバナンスの形態は、大きく三つ存在する。

- 分散型……統合や合併を容易に行うためのツールとして持株会社を活用し、経営は実質的には傘下会社が主導。統合・合併後は、連結管理のみを実施、もしくは持株会社を解散するケースが多い。
- 集権型……持株会社に企画・人事制度・ＩＴなどの戦略的機能をもたせてグループの機能強化・合理化を図る。
- シェアードサービス型……傘下会社に共通するシェアードサービス（総務、調達、経理事務など）機能を持株会社にもたせて効率化・標準化を図る。

これらのうち、どれが正しいという絶対解はない。目的に応じて、持株会社機能のあり方を検討していく必要がある。なお、グループとなることで、地域・顧客に対してハイレベルなサービスを、単独行として機能装備するよりもローコストで提供可能としたいのであれば、集権型およびシェアードサービス型を採用するのが望ましい。

3 統合・再編への「備え」が重要

この先の地域経済の見通しをふまえると、大規模な統合・再編時代が到来すると考えるものの、どのタイミングで本格化してくるかは読み切れない。現在の経営陣が入行してから、統合・再編とは無縁であった地方銀行の場合には、できれば単独行・独立経営のままいきたい、という思いもあるだろう。一方で、もし統合・再編を行うならば、主導権をとりたい、もしくは組む相手を間違えたくない、とも思っているはずだ。横並び意識が強い業界であるがゆえに、象徴的な統合・再編が一件でも行われると、一気に他の地方銀行でも統合・再編が進む可能性もある。その時が来て、あわてて検討するのでは遅きに失してしまう。大事なのは、急いで統合・再編をすることではなく、いまから統合・再編のオプションを考えておき、いざその時が来たら仕掛けられるよう、もしくは他行から話が持ち込まれた場合には即座に対応ができるように、十分な「備え」をしておくことである。

◇シミュレーション：自行を取りまく統合・再編の可能性を浮彫りにする

統合・再編は、複数の相手先候補がある点、相思相愛にならなければ実現しない点、さらには地域での勢力図が変わるだけのインパクトも起こりうる点に特徴がある。そこで、「いざ時が来て、声をかけるとしたらどこの地方銀行にするか」「ある地方銀行から声がかかったら、どう対応するか」「競合他行が統合・再編をしたら、自行にどんな影響があるか」をシミュレーションしておくべきである。

まずは自行の視点で、パートナー候補になりうる先を複数洗い出してみる。その一先ごとに、

- パートナーとなる意義
- パートナーとなるにあたっての懸念事項や、提示すべき条件
- 相手先を口説くための材料

を整理してみる。

次に、パートナー候補として名前のあがった先の立場に立って、どのような統合・再編の可能性があるかを考えてみる。自行のパートナー候補が複数あるのと同様に、パートナー候補にも複数の統合・再編の可能性があって然るべきだからである。あわせて、パートナー候補がとるであろう選択肢についても、可能性が高いものから順位を推計してみるとよい。この検討を行うことで、相思相愛となりそうか、そうでないのかがみえてくる。

さらには、競合他行（一般的には、同一地域にある他行）の統合・再編の可能性についても考えてみる。ここでは、競合他行のパートナー候補を想定するだけでなく、地域や自行への影響、た

とえば、「地域の津々浦々でサービスを提供し続けるだけの規模を獲得したら何が起こるか」「自行よりもハイレベルなサービスを提供できるようになったら何が起こるか」までイメージしておきたい。

こうして、自行を取りまく統合・再編の可能性を一通り浮彫りにしたうえで、自行に望ましいパートナー候補はどこか、順位づけをしてみる。その際、絶対的な「理想の結婚相手」を決めるのではなく、Aという環境変化が起こった際にはこの銀行、Bという環境変化の場合にはあの銀行といった具合に、想定される環境変化を見越したうえで、それぞれの場合ごとに順位づけをしておくとよいだろう。

◇自己デューデリジェンス：統合・再編への基本方針を定める

繰り返しになるが、延命策としての単なる規模の追求ではなく、地域や顧客に価値を提供する能力の補完手段としての統合・再編でなければ意味がない。そのためには、第2章で述べたように、自行が将来ありたい姿、すなわち存在意義・提供価値・目指す姿・指標をまずはしっかりと考えてみる必要がある。将来のありたい姿が描けたら、現時点で自行が有している組織能力も洗い出してみる。ありたい姿の実現に向けて、何が足りていて、何が足りていないのか、ギャップを明らかにするのである。そして次の段階として、現時点では不足している組織能力を、将来的には自行で補えそうか、補うための時間軸は間尺にあいそうか、それとも外部から補ったほうがよさそうかを見極めていく。

この過程を通じて、他行を惹きつけるための「強み」は何かも考えておく。現在もっている強みだけにとどまらず、今後身につけておきたい強みも含めてかまわない。

【他行を惹きつけるための強みの例】

●トップラインを拡大するために必要となる、付加価値をつける力

・真の顧客本位の対応力

・商品開発力

・外部専門家とのネットワーク力

・次世代型のチャネル構築・運営能力

●ボトムラインを拡大するために必要となる、コスト効率性や低コスト運営力

・効率的なオペレーション運営力

・低コスト調達力

ここまで検討すると、いざ時が来て統合・再編の波が起きたときに、自行はどう対応するかの基本方針もみえてくるはずである。

●徹底的に独立にこだわり、自立した銀行として地元地域（もしくは、そこからの滲み出し地域）

で勝ち残っていく。

●自行が核となって、他行を巻き込みながら成長を目指していく。

・日本全国に顧客基盤やネットワークをもつ、全国型地銀（ネクストメガバンク）

・各地域（東北、北陸、関西、中四国、九州など）において圧倒的な存在感をもつ広域型地銀（地域ジャイアント地銀）

●再編後にどの陣営が成功するかを見極めつつ、その陣営から参加を求められるポジションに置いておく。

◇経営課題への落とし込み：いまからできることには手を打っておく

統合・再編への備えの三つめは、自行に望ましい姿にもっていくために、いまから実施すべき事項を経営課題に盛り込んでおくことである。自行もパートナー候補も複数の統合・再編の可能性があるなかで、いざ時が来たときには、自行に望ましいかたちで実現するようにしたい。時が来るまで静観していても、大丈夫だと自信をもてているのであればかまわないが、そうでないならば、現時点でできる限りの対応はしておくべきである。

統合・再編の核となってエクセレンシーを発揮したい地方銀行であれば、先に述べたグループの「ポリシー」を打ち出す、ないしはいつでも打ち出せるように準備をしておく。当然、他行を惹きつけるだけの強みを磨いておくことも必要となる。また、意思決定の最後の背中を押す親和性（ケミストリー）が傘下行獲得の障害とならないよう、常日頃からの自行の発信・行動にも注意を払っておかなければならない。

傘下に入る可能性のある側の地方銀行にとっても、親和性への配慮は重要である。核となる地方銀行に、「あの銀行は自分のグループとは考え方があわない」と思われたならば、グループへの参加を望んだとしても叶わないものとなるだろう。実際に親和性がないのであればグループ入りをしないほうが双方にとって幸せであるが、そうではなく、対外的な発信や行動が、他行からみて誤解を招きうるものであった結果として、親和性がないと判断されてしまうならば、不幸な話となる。もちろん、パートナー候補に魅力的と思われるよう、自行が活かしたい組織能力や強みを高めておくことや、地域から愛される存在になっておく（維持しておく）ことも不可欠である。また、パートナー候補との関係を強めておくために、業務分野での提携余地があるかも検討の俎上に載せてみて、できることがあるならば、部分的にでも進めておくとよいだろう。

いずれにしても、いつか時が来て事が起こる可能性があるのであれば、成り行きに任せるのではなく、意図的に引き寄せるためにできることから行動に移しておくべきである。もちろん、すべての行動がいますぐに必要となるわけではないが、何がどうなった時点で行動を起こすのかシナリオを用意しておき、乗り遅れることなく対応できる準備はしておく必要がある。

独立にこだわる場合も、質的に強い銀行になっておく

統合・再編の可能性を考えるなかで、単独で生きることを選択する地方銀行もあるだろう。その場合でも、質的に強い銀行になっておかなければならない。最低でも、優良な財務内容・顧客基盤の維持向上は必要で、さらに、地域の将来のために貢献できる組織能力・エクセレンシーを兼ね備えておくことも求められる。

質的に強い銀行になっていないと、自らが単独路線を選択しても、主導権をとられるかたちで買収を仕掛けられるおそれもある。また、方針転換をして統合・再編を行うこととなった場合には、仮に規模は小さかったとしても、質的に強い銀行であれば主導権をとり核となることもできる。第2章で紹介したウェルズ・ファーゴは、一九九八年にノーウェストが主導して旧ウェルズ・ファーゴを救済するかたちで吸収合併したが、当時、ノーウェストの預金量は六兆円と、ウェルズ・ファーゴの七兆円よりも小さいものであった。その後、ウェルズ・ファーゴは、金融危機による資産劣化を主因として業況の悪化したワコビアと二〇〇八年に合併しているが、この際も、ウェルズ・ファーゴの預金量三四兆円に対して、ワコビアは四五兆円と、合併を主導したウェルズ・ファーゴのほうが規模は小さかったのである。

なお、本章では地方銀行同士の統合・再編を意図して説明をしてきたが、地方銀行がグループ

を形成する相手は、何も他の地方銀行だけとは限らない。長期ビジョンで掲げた目的達成のために補完・強化すべき組織能力が、これまでの地方銀行が有しているものとは乖離がある場合には、異業態との業務資本提携も含めて、幅広く考えるべきである。たとえば、個人顧客への対応力を、これまでとは異なるレベル感で高めたいのであれば、証券会社との業務資本提携によりノウハウを獲得し、銀証連携をさらに推し進めることがあってもいいだろう。

変革への Part 2

足元を強化する

第 5 章

法人営業戦略

1 顧客の成長と夢の実現に貢献する

「変革へのＰａｒｔ１」では、将来を見据えての長期的視点に立った検討について述べてきた。一方で、利益を稼ぎにくい構造のもとで、そうはいっても当面の利益確保が大事な状況であることも理解している。そこで、本章からは「変革へのＰａｒｔ２」として足元の強化策を取り上げていくことにしたい。まずは、法人営業戦略について考えてみる。

これまでの成長の原動力であり、企業を資金面から支えてきた法人顧客への対応は、地方銀行の本業中の本業である。しかし、近時は顧客企業の本業の厳しさもあり、資金需要は低迷している。

こうしたなか、地方銀行の営業体制を確認してみると、二〇〇〇年代中頃までの新卒採用抑制の影響を受けて三〇代前半の行員が少ない。営業現場の主力であり、自ら顧客を担当して営業活動を行うとともに、二〇代の若手層に対するリーダー的な存在として、営業現場での法人営業力の底上げに重要な役割を担ってきた層である。また、投資信託等の個人向け営業への投入資源のシフト、コンプライアンス面からの要請に伴う業務量・範囲の拡大、顧客情報保護の強化による持帰り残業の禁止、労働環境の改善や残業代の圧縮要請からくる時間外労働の抑制など、多くの複合的な要因により、法人顧客に対する営業活動時間は減少している。ただでさえ法人顧客の資金需要が見込みにくいなか、地方銀行の事情もあいまって、結果として法人営業力は以前と比べて弱体化している。

だからといって、やみくもに顧客を訪問して、資金ニーズの有無ばかりを探しにいっても、労ばかり多くて意味はない。本業に必死になっている企業経営者からしても、迷惑なだけである。

こうなれば、顧客の本業もますます厳しくなることが想定される環境において、〝急がば回れ〟の言葉どおり、地方銀行は顧客の本業への貢献、別の言い方をすれば「顧客の成長と夢の実現に対する貢献」を目指すべきであり、顧客の期待もここにあると考えるべきだろう。そのためには、顧客を深く知ることは大前提であり、知るだけでなく、顧客の本業に関する経営戦略を考え、経営者の相談相手・ディスカッションパートナーとして役立つようにまでならなければいけない。そのうえで、銀行取引に関して、どのタイミングで何の取引をねらっていくのかを考えて計画をしていき、日々の活動へと反映させていくのである。

顧客の戦略を考え、銀行取引につなげるまでの計画を、顧客ごとの「アカウントプラン」というかたちで整理できるようになれば、法人営業力はいまよりも一つ二つ上の段階にまで到達しているはずである。まずはこのレベルまで引き上げられるよう、取り組んでみてほしい。

2 「アカウントプラン」がつくれなければ強化はおぼつかない

「アカウントプラン」について、少し詳しく説明をしておこう。A・T・カーニーの策定した「アカウントプラン」は、顧客の事業を理解する〝顧客カルテ〟と、取引拡大に向けた〝戦略プラン〟の二部構成となっている（図表5－1）。一見すると地方銀行にすでにある「顧客カード」と似ているが、似て非なるものである。「顧客カード」は、自行との取引内容を中心に過去を整理するものであるのに対して、「アカウントプラン」は、未来志向である。顧客の事業を理解して経営課題を考え、自行の支援可能性を考えてみる。そのうえで偶然の取引獲得ではなく、計画的にねらった取引の獲得となるよう、どのタイミングで何の取引をねらうのか、そのために必要となるアクションは何かといった、未来を計画していくためのツールとなる。

●顧客カルテ……顧客の主要経営指標（決算概況）を整理するとともに、顧客の属する業界の動向や競争環境、顧客の事業概況、想定される経営課題、解決の方向性、および自行の支援可能性を考えて記載する。

●戦略プラン……取引拡大に向けた戦略を考えて記載する。これまでの提案内容と結果を整理したうえで、この先、何の取引を、どのタイミングでねらうのか。取引を獲得するためのポイン

図表5－1　ターゲット顧客の「アカウントプラン」

①“顧客カルテ”で顧客のことを深く考える
(イメージ)

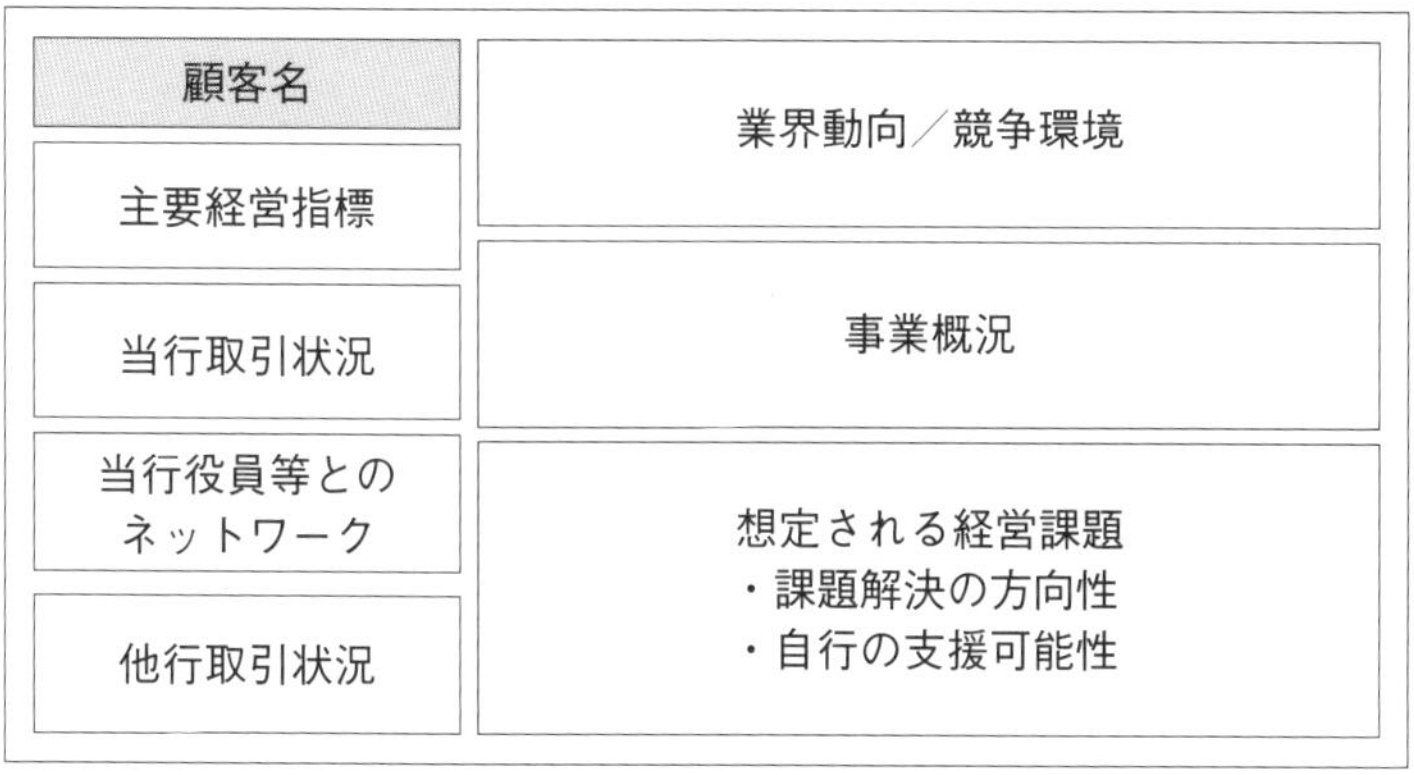

②“戦略プラン”で取引獲得までのプランを考える
(イメージ)

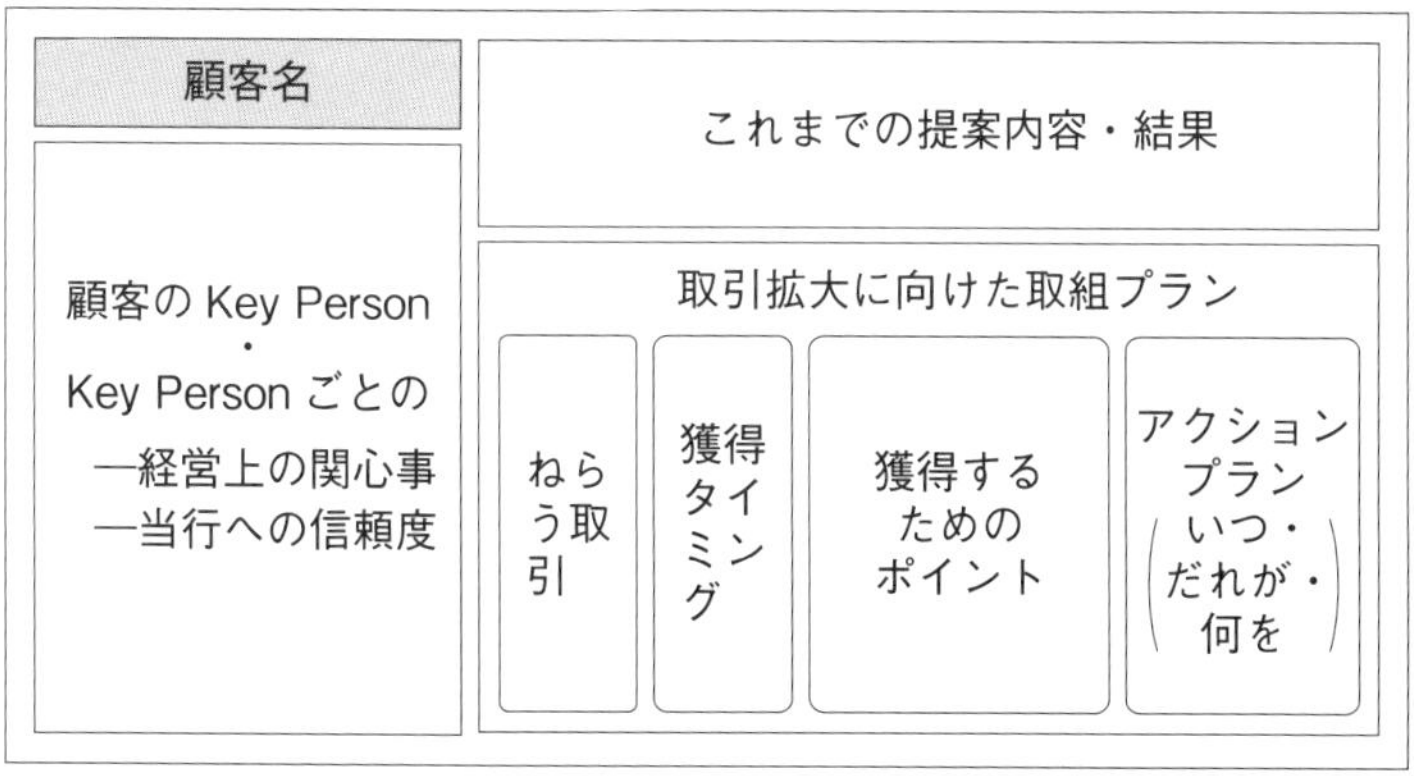

(出所)　A.T. カーニー

トは何で、いつ・だれが・どのようなアクションを行っていくのかを計画する。

「アカウントプラン」の作成は、慣れないうちは難易度が高いと思うかもしれない。しかし、〝顧客カルテ〟は、顧客のことを知りたい・顧客の役に立ちたいという深い思いがあるなら書けて当然の項目である。〝戦略プラン〟も、顧客の事業推進や課題解決に向けて、自行がどのように役に立てるかを考えるものであるから書けて然るべきである。もちろん、わからない項目もあるだろうが、そこは顧客に考えをぶつけて、聞けばいい。「アカウントプラン」の作成という手段を通じて、顧客のことを考えて行動を繰り返すことで、
●顧客が銀行に伝えていない課題やニーズを、想像できるようになる
●顧客の経営課題に関する話など、銀行取引以外の話にも対応できるようになる
●銀行が売りたいものではなく、顧客がほしいものを提案できるようになる
といったスキルの向上につながり、顧客の悩みに応えて経営課題の解決を支援できる銀行、そして顧客から真っ先に相談されて頼られる銀行へとつながっていく。

「アカウントプラン」は、本来なら顧客を受け持つ営業担当者自身が作成できることが理想だが、経験の浅い担当者も多いため全員がすぐにできるとは限らない。そこで、少なくとも支店長や営業担当の役席は作成でき、営業担当者に作成指導ができるようになっている必要がある。

「アカウントプラン」は、あくまでもツールであり手段であるが、これが作成できないようで

あれば、法人営業力の強化はおぼつかないだろう。

3 顧客戦略再構築の出発点は重点訪問先の明確化

「アカウントプラン」は、顧客全先に対してつくれるに越したことはないが、実際には営業担当者のリソースも足りないため不可能だろう。数多くつくろうとするあまり、中身が表面的でどの先にも同じことを書いてしまうようになれば、完全に手段と目的のはき違えとなり本末転倒である。そこで、どの顧客に対して「アカウントプラン」をつくるのか、営業担当者のリソースも加味しながら、優先順位を明確にする必要が出てくる。ここで優先順位が高いとした顧客は、営業担当者の日々の活動の中心となる重点訪問先にもなる。

重点訪問先の選定は、法人営業力の強化にあたって、重要なポイントである。ここを誤ってしまうと、本来は行く必要の乏しい先に訪問活動を繰り返す一方で、行くべき先への対応がおろそかになり、結果として法人営業力はますます低下してしまうからである。

現在でも、多くの地方銀行は、法人顧客の訪問活動の対象先に優先順位をつけている。しかし、はたしてその基準は妥当だろうか。筆者がみてきたケースでは、貸出残高等をベースとして重要顧客の定義を行っているものの、訪問するか、しないかは営業店任せになっていることが多い。営業店をみてみると、前任者の時代から訪問していた顧客や、営業担当者の行きやすい先には足を運んでいるものの、そうでない先には重要顧客と定義されていても足が遠のいていることも珍しくない。営業店の自主性に任せているといえば聞こえはいいが、先にも述べたとおり重点訪問先選定の誤りは、法人営業力の低下に直結してしまう重要なものである。ここを踏み外すと、どんなに本部の支援態勢を強化しても、よい提案ツールをそろえて活動をしても、見返りは少ない。本部主導のもとでターゲティングの基準をつくり、営業店とも連携しながら、本部と営業店との間で重点訪問の対象とする先（＝「アカウントプラン」を作成する先）を「握る」までやってみるべきであろう。

◇現在と将来の視点でターゲティングの基準を決定

顧客のターゲティングにあたり、重視すべき視点は以下の三つである。

①　長期ビジョンの検討で、自行が特に注力すると定義した先
②　現在の自行収益への貢献度の高い先
③　将来の自行収益への貢献が期待できる先

①は、長期ビジョンの検討において、雇用の吸収や、地域ＧＤＰの創出など、地域の将来を支

えると期待される産業・企業に対しては、徹底的に役に立っていくという貢献の仕方もあるのではと述べた。もし、そのような貢献の仕方を選択したのであれば、当然ながらターゲティングの際には、該当する産業に属する企業、ないしは選択した特徴を有する企業を含めなければならない。

②の自行収益への貢献度が高い先に関しては、まずはだれがそれに該当する顧客なのか知る必要がある。手法としては、自行の法人顧客を、粗利ベース（信用リスク控除後）で収益貢献度の高い順番に一〇等分してみるとよい。世の中で一般的に「二：八の法則」（二割の顧客が、八割の収益をもたらす）といわれているものが、自行の法人顧客の場合にも当てはまるのかを確認してみるのである。A・T・カーニーの複数のプロジェクト事例では、地方銀行の法人顧客の場合には、二：八どころか、一：九、ないしはそれ以上、すなわち、わずか一割の法人顧客が、九割以上の収益貢献をするという、きわめて顕著な偏在傾向がみられた（図表5－2）。ここまで顕著な偏在傾向を示すのであるから、足元の強化として現在の収益貢献の大きな顧客も、重点訪問先とするのは自然なことである。

もちろん、現在の収益貢献度の高い顧客は、本部主導でターゲティングの基準を定めるか否かを問わず、これまでも訪問対象となっていて然るべきである。しかし、当該顧客の実権者（オーナー等）にアンケートをしてみると、「ほとんど訪問を受けていない」と回答する先が多く驚く

図表５－２　法人顧客別の収益貢献度：地方銀行では、１割の法人顧客が、９割を超える収益貢献をしているケースも珍しくない

［A.T. カーニーの複数プロジェクト事例より］

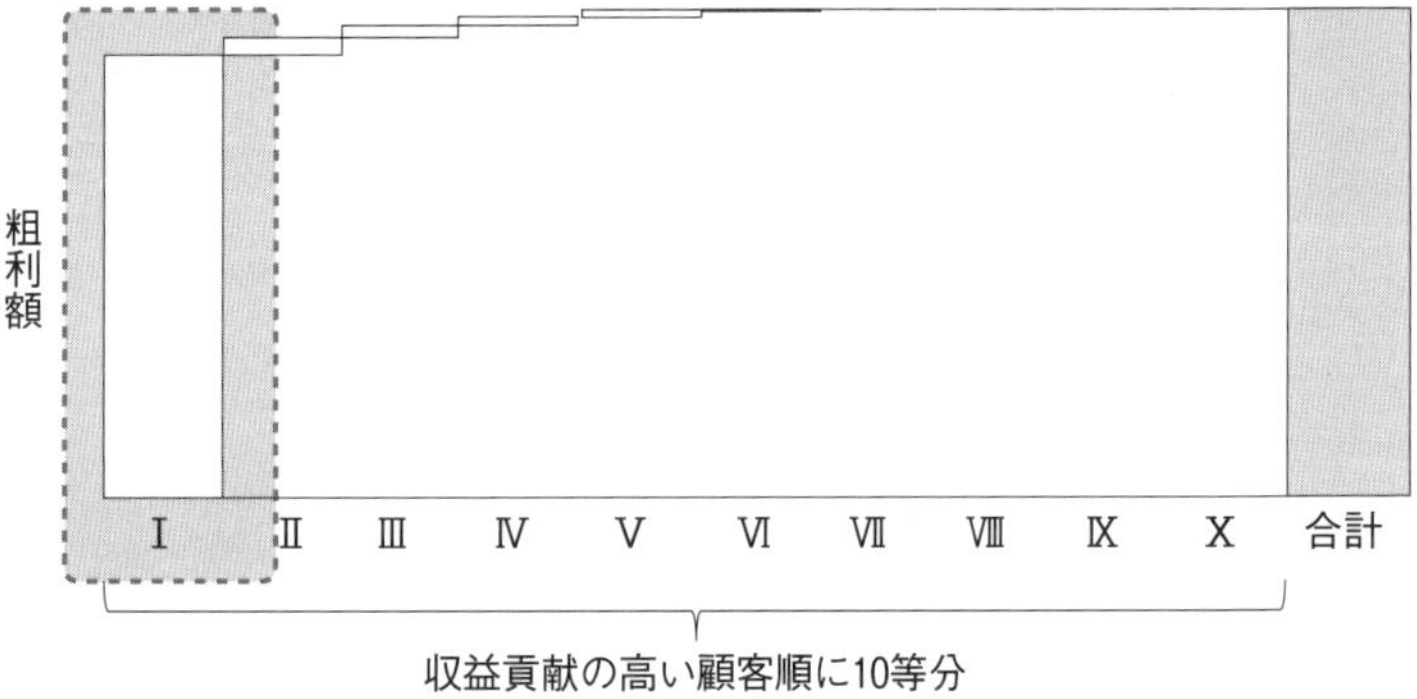

（出所）　A.T. カーニー

ことになるかもしれない。過去のＡ・Ｔ・カーニーの支援プロジェクトを平均すると、収益貢献度の高い顧客の実権者に対するアンケートでは、約三割が「ほとんど訪問を受けていない」と回答をしていた。そして、「ほとんど訪問を受けていない」と回答した実権者に、他行は訪問しているかを尋ねてみると、八割～九割の先では他行が定期訪問をしているとの回答結果になっていた（図表５－３）。現在の自行収益を支えてくれている顧客でこうした結果となる原因は、

●本当に、訪問していない
●企業には訪問しているものの、実権者には認識されていない（経理担当者などへの訪問ばかりで、実権者に会っていない）

のいずれかであり、一方で他行は新規取引の開

図表5－3　収益貢献度の高い顧客への訪問実態：驚くほどに訪問できていないケースが多い

[A.T. カーニーの複数プロジェクト事例より]

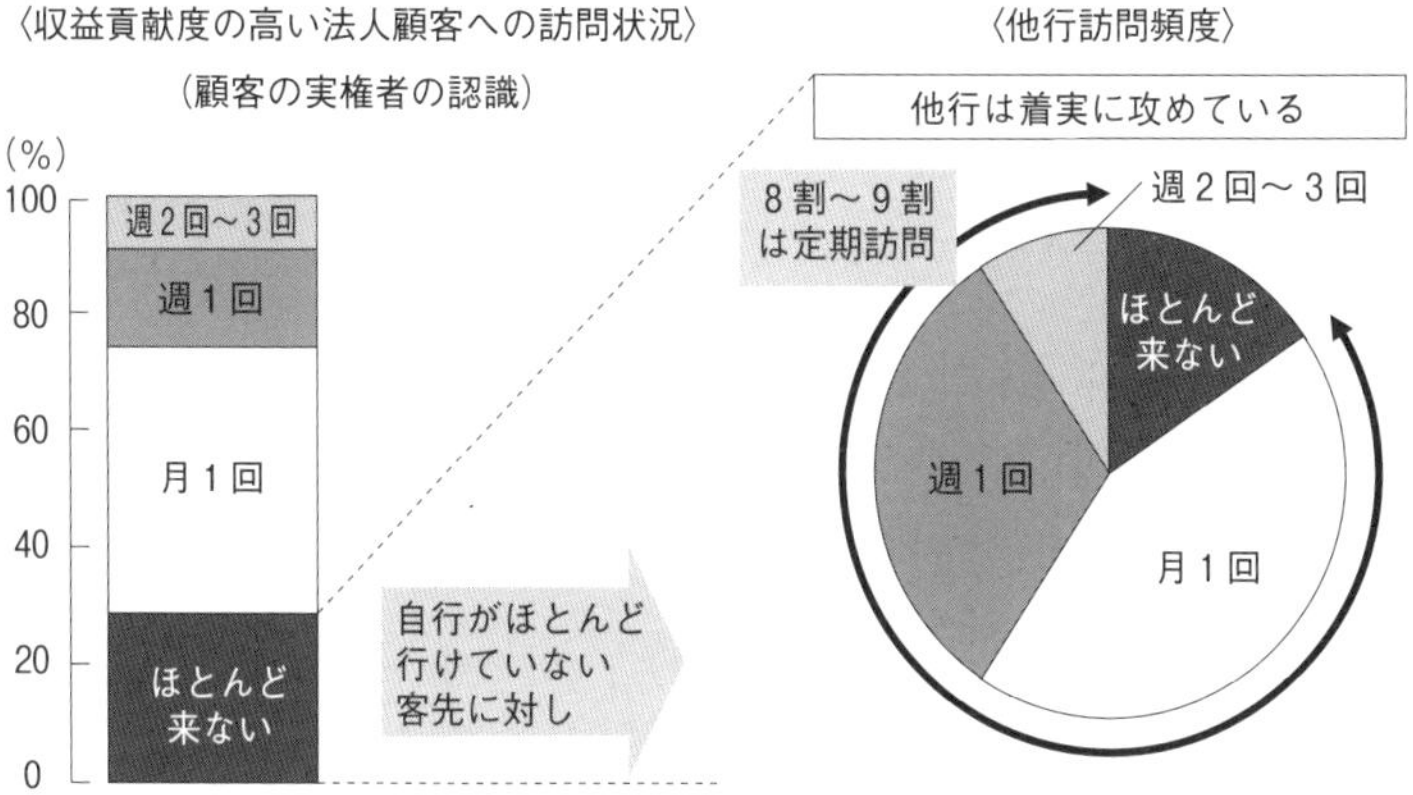

（出所）　A.T. カーニー

始や取引拡大をねらって、積極的に実権者に対して訪問をしているからである。

地方銀行の法人顧客の多くは、いわゆる中小企業であり、銀行取引を決める決定権限も実権者（オーナー等）が握っている。自行が顧客に提供できる価値（正しくは、顧客が認識している自行の価値）が、競争相手となる他行よりも圧倒的に勝っているのであれば、ほとんど訪問をしていなくても、次回の銀行取引も自行に来る可能性は高い。しかし、提供価値が横並びで大差がないのであれば、実権者は「顔がみえている」他行を次回取引の相手に選んでもなんら不思議ではない。顧客の実権者は、「創業時の困ったときに傘を貸してくれたから」という恩義を大事にしてくれる世代から代替わりが進んで、より実利を重視する世代となってきている。昔から自行と取引が深いからという慢心は危険であり、対応がおろそかになると、今後の収益基盤の脆弱化につながる危険性が高いといえよう。現在の収益を支えてくれている顧客に対しては、少なくとも顔がみえる存在になっていなければならず、本業の理解も含めて「アカウントプラン」が作成できるようになっている必要性は高いだろう。

③の将来の自行収益への貢献が期待できる先については、企業にはライフサイクルがあるため、現時点で多くの取引がある顧客のすべてが、今後も資金需要があり続けることはない。また、他行との競争の結果、自行取引が薄くなる先も出てくるだろう。今後の収益を確保するためには、言うまでもないが顧客基盤の拡充も重要となる。そこで、既存顧客のうち、現在の収益貢献度は高くないものの将来的に成長していく可能性のある先、および新規開拓することで同じく収益貢献が見込める先を、重点訪問先に加える必要がある。

なお、誤解なきよう補足すると、ターゲティングの結果、重点訪問先としなかった顧客は、決して切り捨てるのではない。地場に根づく地方銀行として、顧客の切り捨ては行いうるものではないため、営業担当者が重点訪問先を訪問するついでに顔を出したり、定年再雇用者による訪問をしたり、来店誘致、電話の活用、スモールビジネスセンターによりフォローするなど、サービス提供を行っていく仕組みを考えていく必要がある。

本部と営業店とで重点訪問先を「握る」

ターゲティングの基準にのっとって、営業担当者が重点的に訪問する顧客を明確にしていくわけだが、基準をつくっても機械的に特定できるわけではない。以下に手順を説明していく。

●ステップ1……機械的にリストアップ

まずは本部にて、取引データをもとに、特定の産業に属する企業や、現在の収益貢献度の高い顧客をリストアップして、営業店に還元する。ここまでは、機械的に対応できる範囲である。

●ステップ2……支店長の目線でリストを補正

機械的にリストアップされた顧客のすべてについて、例外なく重点訪問先とするわけではない。また、③の将来の収益貢献が期待できる先も、当然ながらリストからはもれている。営業現場だからこそ把握している生の情報も加味して、現場の支店長の目線でリストを補正していくのがこのステップとなる。支店長に補正を依頼する際は、補正の視点もあわせて共有するとよい。

【補正の視点】

○重点訪問先から除外してよい顧客

・現在の収益貢献度は高いが、「アカウントプラン」の作成も訪問も不要と考える先

✓(例)　大企業の支店等、銀行取引の実質的な意思決定権限を有しない先

○重点訪問先に追加すべき顧客
・重点産業に属さず、現在の収益貢献度の高い顧客でもないが、訪問すべきと考える先
✓（例）取引成長により、将来の収益貢献が見込める先
✓（例）新規顧客の紹介実績があり、訪問しておくことで顧客基盤の拡大に寄与する先
✓（例）地元の名士など、訪問しないことが風評悪化につながる先

取引成長により、将来の収益貢献が見込めそうな候補を探し出すのは、経験の乏しい支店長にはむずかしい。そこで、本部は事前に優秀な支店長からヒアリングを行い、どういった観点で成長する顧客の当たりづけをしているのかを確認して、そのノウハウもあわせて展開するとよい。

●ステップ3……本部と営業店とで「握る」

リストの補正結果は、本部も確認して最終的には本部と営業店とで合意する（「握る」）必要がある。優秀な支店長であれば、趣旨を理解して適切に重点訪問先の選定ができるだろう。しかし、その他の多くの支店長は、現在の訪問先を重視して、収益貢献度が高くなく、先の成長見通しが立っていなかったとしても、重点訪問先に入れ続ける傾向がある。そのため、重点訪問先は「本部から提供されたリストに掲載されていた先」＋「営業担当者が現在訪問している先」となる。重点訪問先とした顧客について、本業を深く理解して経営課題までも把握し、今後の取引獲得に至る計画も考えられる（＝「アカウントプラン」が作成できる）のであればかまわないが、実際はそこまで手が回らないだろう。

そこで、支店長によるリストの補正が終わったら、「量と質」の観点から、適切な絞込みができたかの確認が必要となる。

「量」は、営業担当者一人当りでみたときに、顧客対応をきちんと行えるまでに絞り込めたかを確認する。顧客の本業と向き合い、成長と夢の実現に対して貢献できるよう深い活動をするためには、一社当りどの程度の工数が必要かを考え、営業担当者一人当りの標準的な重点訪問先数を決めるのである。この数は、顧客の理解度や、本部と営業店の役割分担、本部の支援態勢によっても変わってくるため、自行独自の基準をつくりあげていく必要がある。なお、営業担当者一人当りの重点訪問先数は、どこの営業店であってもほぼ同数となっているべきである。バラツキが大きい場合には、そもそもの営業担当者の人員配置に見直しの余地があるといえよう。

「質」の観点からは、支店長が補正したすべての先について、理由が妥当か確認を行う。ポイントは、支店長以外の第三者（本部の営業部門、等）が、補正した理由を納得できるかである。過去のA・T・カーニーの支援例では、支店長がリストの補正を営業店の役席に任せていたために、補正理由を支店長の口から説明できない事例も少なからずあった。自行の営業活動の根幹となる重点訪問先の選定について、支店長が理解していないようでは法人営業力の強化は心もとない。本部は、補正理由を納得できるまで支店長に説明を求め、納得できる説明が得られなかった場合には、あいまいにせずに追加情報の収集を指示すべきである。支店長は、本部の指摘に基づいて顧客情報を追加で収集するなど、リスト補正の判断材料を補ったうえで、再度、重点訪問先とすべきかの判断を行う。そのうえでやはりリストの補正が必要と判断すれば、本部が納得できるまで説明を繰り返していき、最終的に本部・営業店とで重点訪問先の合意に結びつける（「握る」）のである。このプロセスは、本部も、支店長も非常に負荷のかかるものである。しかしながら、支店長自身が自店の顧客のことを深く知るよい機会ともなるため、その後の営業活動の質的向上にもつながる。法人営業力強化の重要な施策として取り組んでみてほしい。

4 「力が落ちた」支店長の強化

法人営業力を強化するためには、人材の強化も不可欠となる。近時、地方銀行の経営陣の方々と会話するなかで、「最近の支店長は、力が落ちた」という声を耳にする機会も多い。しかし、力が落ちたというよりも、経験に乏しいというほうが正しいだろう。現在の経営陣が支店長だった時代には、中小企業の実権者（オーナー）の懐にグイグイと深く入り込む活動は、当たり前のものだった。しかし、いま、主流となりつつある支店長層は、その経験に乏しい。一九八五年（昭和六〇年）前後に入行した支店長の歴史を、注力していた商品や対応とともに振り返ってみるとわかりやすい。

●入行当初は、バブル経済のなかで不動産担保があれば貸出

（＝顧客の懐に深く入り込む必要なし）
●バブルがはじけて回収業務が主体
（＝顧客の懐に深く入り込む必要なし）
●次に主流となったのは、保証協会付融資・スコアリング融資
（＝顧客の懐に深く入り込む必要なし）
●役席になった頃には、住宅ローンに注力
（＝顧客の懐に深く入り込む必要なし）
●この何年かは、預り資産営業
（＝顧客の懐に深く入り込む必要なし）

銀行のなかで育ってきた時代背景が、経営陣といまの支店長とでは違うことがわかっていただけるだろう。かといって、力が落ちたと感じているのであれば、放置したままでよいわけはない。顧客である中小企業の経営者が生き残りに向けて必死になっているなかで、地方銀行の支店長や担当者が、顧客の本業についても役に立つためには、顧客の懐に深く入り込んでいく必要性は従来よりも高まっているといえよう。これまでの時代背景から経験に乏しいのであれば、その経験を補うように鍛えればいいのである。

地方銀行は、現場の強化というと担当者層の教育・研修は熱心に行うが、支店長に対しては自

主性に任せ不干渉とし「大人扱い」する傾向にある。たしかに支店長は一国一城の主であり、過度な干渉は弊害もあろう。しかし、やる気はあっても、経験に乏しく、経営陣からみて行うべきことが十分に行えていない（力が落ちたと感じている）のであれば、地域や顧客のためにも、手を打つべきである。また、日々の活動において担当者が気にしているのは、本部ではなく支店長の顔色である。支店長が幸いにして優秀で全幅の信頼をおけるのであれば、支店長の自主性に任せていても安心だが、そうでなければ、本部が担当者をいくら教育したとしても思うほどの効果にはつながらない。顧客の成長と夢の実現に貢献するためにも、そして担当者への教育効果を成果として結実させるためにも、多くの地方銀行で支店長の強化は不可避であろう。

◇支店長の役割は十分に理解されているか

支店長を強化するにあたって、そもそも支店長としてやるべきこと（経営陣が期待すること）は明確となっているだろうか。そして、それは支店長との間で共有できているだろうか。支店長を業績で評価するのは重要だが、業績はあくまでも結果である。結果が伴うようになるために、そして一国一城の主として担当者を統率するために、何をすべきかは定義しておく必要がある。また、すでに定義されているならば、その内容がいまの環境とあっているかも確認してみてほしい。

A・T・カーニーの経験から、法人営業力の強化の観点で、支店長に求められる基本的な役割

（やるべきこと）を整理してみると、次の五つが代表的なものとなる。

●支店戦略の策定……担当地域の実態や競合動向、これまでの自支店での取組内容、およびその結果をふまえて、どのように戦っていくか支店方針を定め、部下にも徹底する。

●営業推進の戦略策定……支店として優先対応すべき重点訪問先を定め、それらの先については、経営課題を理解し、取引拡大につなげるための戦略を描く（「アカウントプラン」）。

●営業活動の率先垂範……戦略遂行のため、支店長自らトップ営業を行う。重点訪問先の実権者との関係を維持強化し、実権者の悩みを探り出すなど、単なる表敬訪問ではなく、顧客の満足度を高める活動を率先垂範する。

●貸出先の早期予兆管理……貸出先の業界情報、貸出先自身の動向などの情報を担当者に収集させ、信用力悪化の予兆があれば貸出先への支援・本部への相談など、先を見越した対応を能動的に行う。

●担当者の人材育成……支店内ミーティングなどＯＦＦ－ＪＴを通じた指導にとどまらず、同行訪問などＯＪＴにより実践的な見本も示すことで、担当者の育成に寄与する。

このなかで、「営業推進の戦略策定」は、まさにこれまで述べてきたことである。支店長が重点訪問先を適切に選定し、「アカウントプラン」がつくれるまでに顧客を理解して、顧客の経営課題についても実権者とディスカッションできるようになれば、経営陣の抱いていた「力が落ちた」という不安はだいぶ解消されるに違いない。

支店長の役割が定義され、十分にできているならば、支店長については問題ない。しかし、不十分なのであれば、先に述べたように徹底的に強化していく必要がある。その際には、一部の優秀な支店長と、その他の多くの支店長との動き方・視点の差分を明らかにしたうえで、優秀な支店長の有するノウハウを汎用化し展開していくとよいだろう。また、支店長を強化するにあたって、基本的な戦略策定の方法論や、重点訪問先選定の考え方などは座学形式の研修が有効だが、研修の時間のみ参加して、それで終わりでは知識こそ身につくが、実行力は伴わない。そのため、自支店の体制や顧客の状況などをふまえ、支店長に実際に考えさせ、行動させながら、〝実地で鍛えていく〟ことがポイントとなる。前述した重点訪問先の選定において、本部とやりとりをしながら自支店の顧客について理解を深め、重点訪問先を最終化していく過程は、実地での訓練ともなっている。

5 営業担当者は基本的なことから鍛えあげる

法人営業力の強化には、当然ながら、営業担当者の強化も不可欠である。先ほど、支店長が顧

図表5－4　営業プロセス：営業担当者は、特にプロセスの前段階を鍛える必要性が高い

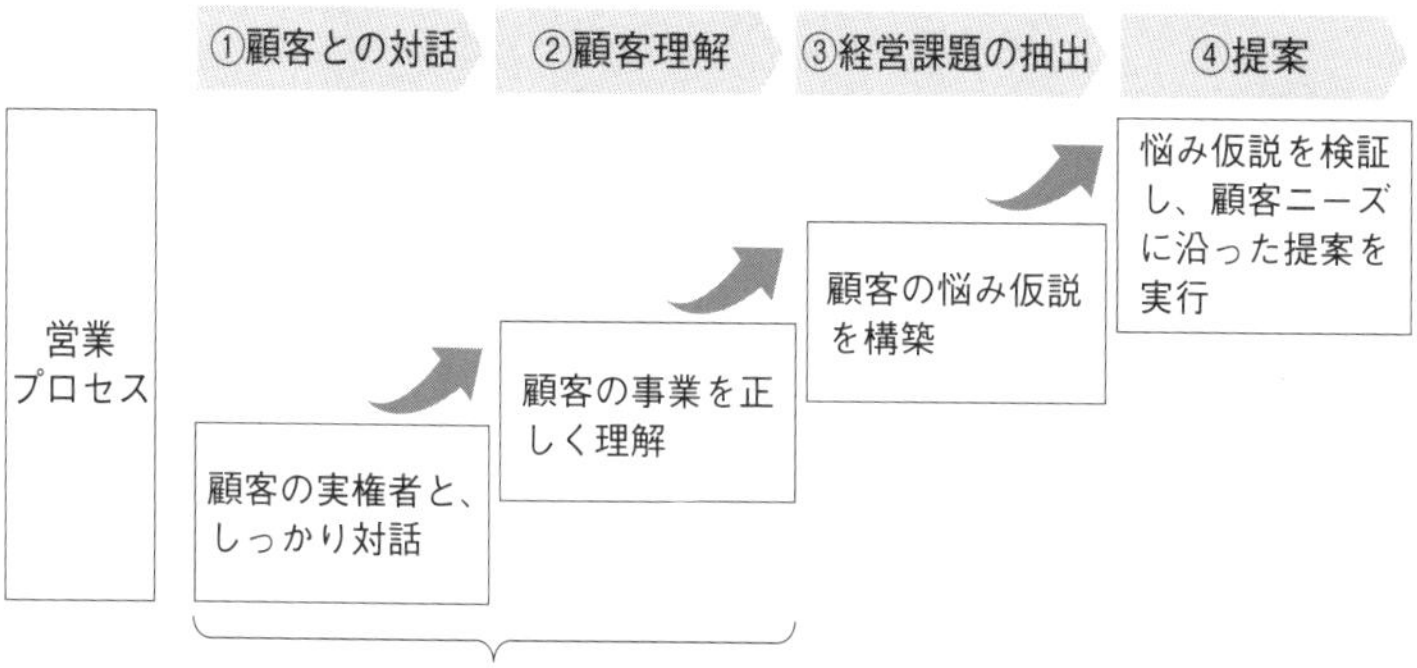
徹底的に鍛えるべきは、この段階では？

（出所）　A.T. カーニー

客の懐に深く入り込む必要がなく育ってきたと述べたが、担当者層は支店長以上に経験に乏しい。この層に対して、「顧客の役に立つ活動をしよう」「提案型の営業をするように」と指示したところで、やり方がわからず機能しない。そこで、営業担当者の強化は、営業プロセス（図表5－4）を意識して、スキルや経験に乏しい担当者でも一定レベルの活動ができるように、優秀な支店長・担当者が無意識のうちに行っていることを汎用化して、プロセスの段階ごとに強化策を考えていくとよい。

もう一つポイントとなるのは、基礎的なレベルから鍛えあげることである。本部の営業支援部門に配属される行員は優秀な営業担当者だったケースが多いため、ともすると高度な提案手法やサービスメニューを取りそろえることに注力する傾向

がある。しかし、若手を中心として多くの現場の営業担当者は、提案よりも遥か手前の段階、場合によっては「実権者と話をする」段階から苦労をして、とてもではないが本部の用意した提案ツールを使うまでに至らないことも珍しくはない。

◇営業プロセスごとに強化策を取り入れる

① 顧客との対話

② 顧客理解

特に若手の担当者の場合、徹底的に鍛えるべきは、この二つのプロセスとなる。顧客の実権者と対話ができるように、何を聞くべきか、何を確認すべきかをあらかじめ明確にしてから訪問に臨ませる必要がある。これまで説明した「アカウントプラン」を活用して、「アカウントプラン」の空白を埋めるために話を聞くことや、「アカウントプラン」に記載した仮説が正しいか確かめることも、このプロセスの推進に役立つ。

また、対話・インタビュースキル向上の基礎的トレーニング（図表5－5）や、顧客から決算書を受領した際に、その場でポイントを理解し、コメントや質問ができるようになるための、客先で使える実戦的な財務分析のトレーニングも必要だろう。地方銀行の顧客にインタビューをすると、「営業担当者に決算書を渡しても、何一つアドバイスをくれない」と耳にすることも多

図表５－５　インタビュースキル向上のトレーニング：「実戦的なスキル強化」につながる研修を行う

［例：顧客から話を聞き出すためのインタビューのコツ］

事実確認	事実・意見・一般論を見極める	・５Ｗ１Ｈを押さえる ・「いつ、どこで、……」
定量化	すべて数字に落とす	・「１億円程度ですか」 ・「だいたい２割くらいですか」
具体化	具体例を聞く	・「うまくいったのは、たとえばどんなケースがありますか」
詳細化	ブレークダウンして聞く	・「増益要因を売上げと費用に分けます。まず売上げはどうですか……」
納得	自分の言葉で整理して確認	・「つまりこういう理解であっていますか」

（出所）　A.T. カーニー

い。財務分析は、集合研修や通信教育を活用して座学形式で研修を行っているだろうが、客先で電卓を叩きながら計算するような分析力では使いものにならない。決算書を受領してからの、ほんの二分〜三分の間に、決算書のポイントの当たりづけができるよう実戦的な研修を組み入れていく必要がある。

③　経営課題の抽出

次に、顧客理解をもとに、顧客のニーズや経営課題の当たりづけをしていくプロセスとなる。優秀な営業担当者は当たり前のようにできているこのプロセスも、スキルや経験に乏しい担当者には難易度が高い。そこで、担当者のレベルが上がってくるまでは、ツールの活用が有効となる。たとえば、「売掛金が買掛金を上回る」「最近、売上げが急激に伸

図表5－6　課題仮説抽出シート：スキルや経験に乏しい担当者でも、顧客企業の課題の当たりづけが可能に

[悩み抽出表]（イメージ）

顧客ニーズ	悩み		現象	Step 1 顧客情報	Step 1 計	＋ Step 2 産業特性	⇒ 総計
短期資金	回収・支払条件が悪い	Q1	売掛金が買掛金を上回る	○	4	4	8
		2	サイトがズレている、変化している	△			
		3	大手との取引が多く、力関係が弱い	△			
		4	受取手形、売掛金の現金比率が高い	×			
成長資金	売上げが伸びており、いままでの規模では追いつかない	5	最近売上げが急激に伸展してきている	×	1	0	1
		6	最近営業部隊を増設した	×			
		7	従業員を増やしている	×			
		8	最近大きな取引先を獲得できた	△			

現象面が当てはまるかチェック

（顧客情報＝①、計＝②、産業特性＝③、総計＝④）

「Step1」

① 当該企業の現在把握している情報や、「アカウントプラン」をもとに、当てはまる場合○、どちらともいえない場合△、当てはまらない場合×を記載（不明の時は△を記載）

② 「計」の欄は、○＝2点、△＝1点、×＝0点として合計点を記載

「Step2」

③ 産業分析の情報から、当てはまる場合4点、どちらともいえない・不明な場合2点、当てはまらない場合0点と記載

「総計」

④ 「総計」の欄は、Step1とStep2の合計値を記載

仮説構築

⑤ 総計の数値が大きい「悩み」項目を3つ程度抽出し、自行の支援可能性・提案を考えてみる

（出所）　A.T. カーニー

びた」など、顧客に発生している「現象面」をとらえることで、顧客企業の課題仮説が抽出できるようなツールの導入も一考に値するだろう（図表5－6）。優秀な支店長や担当者が無意識のうちに行っている思考回路を、だれにでもできるよう汎用化して使えるようにするのである。

④ 提　案

営業プロセスの最後は提案である。経営課題として考えた仮説をもとに、自行が提供できる解決策を提示していくわけだが、これまでのプロセスがきちんとできていれば、大きく外すことは少ない。また、仮に外したとしても、顧客への提案活動のなかでプラスアルファの情報を入手できるはずであるから、新たな情報をもとに提案を組み立て直せばいいだけである。顧客が提案を受け入れるか否かは、タイミング次第の面もあるため、提案内容が顧客に響いたとしても、必ずしも取引につながるわけではない。重要なのは、ここまでのプロセスを通じて、顧客への理解を深め、顧客から「自社のことを真剣に考えてくれている」と感じてもらい、何かあったときには相談するに値する相手であると認めてもらうことである。

◇勝利の方程式を定義する

営業プロセスごとに強化策を施したら、次に「勝利の方程式」として、各プロセスで乗り越えるべき「ハードル」と、それを乗り越えるための「具体的行動」を明確にする（図表5－7）。先

図表５－７　勝利の方程式：営業プロセスごとに具体的な行動をイメージできるまで噛み砕いて示す

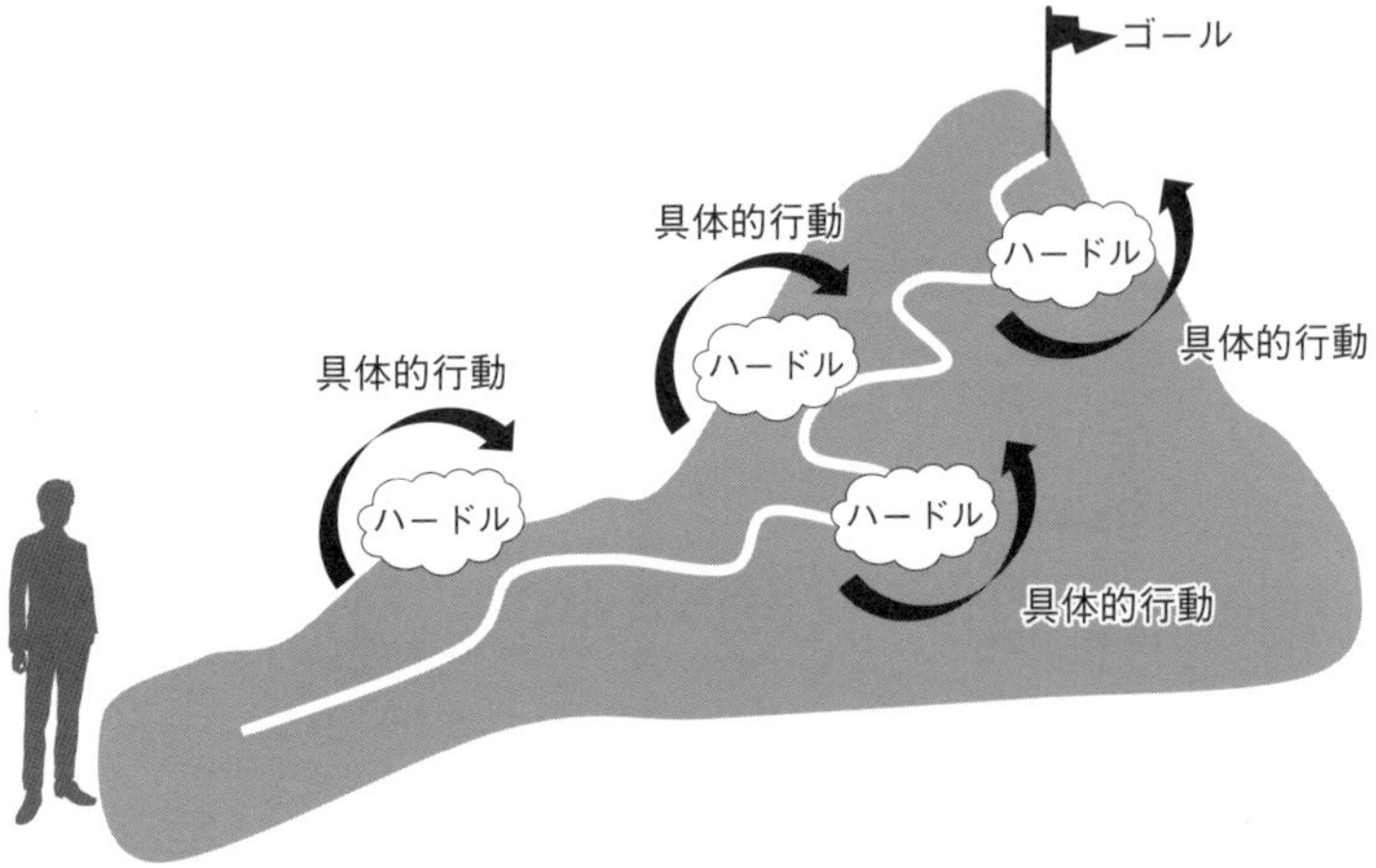

（出所）　A.T. カーニー

にも述べたとおり、顧客の実権者の懐に飛び込んだ経験が乏しい営業担当者に、「顧客の役に立つ活動をしよう」「提案型営業をやりなさい」とだけ伝えても途方にくれてしまう。担当者が前に進んでいけるよう、何をすればいいのかイメージができるまで噛み砕いて示していくのである。

「ハードル」は、次の営業プロセスに進むために、乗り越えなければならない要所である。たとえば、「①顧客との対話」プロセスにおいては、「顧客の実権者に、単なる御用聞きではないと認めてもらう」「他行の担当者よりも、自分を信頼してもらう」といったことが要所となるだろう。同様に「②顧客理解」のプロセスでは「実権者の抱える課題を共有できた」が要所となりうる。さらに、ハードルを乗り越えられたかの判断基準も定めておくとよいだろう。これは、顧客の発言や行動（例：「AではなくBが当社の課題だ」といわれた。他行との取引の詳細を教えてもらった）をもとに考えていくと、担当者も具体的にイメージがしやすい。

そして、「具体的行動」として各ハードルを乗り越えるために成功確率の高い行動を明確にしていく。たとえば、「実権者の抱える課題を共有できた」というハードルを乗り越える具体的行動として、「実権者と経営課題のディスカッションをする」では抽象的すぎる。さらに踏み込み、「事前に作成した『経営課題の仮説』を実権者にみせながら、課題仮説とその根拠について説明する」というように、具体的に何をすべきかがイメージできるレベルまで噛み砕いていく必要がある。もちろん、具体的行動は、意識をすればだれでもできる内容で定義しなければならない。営業担当者が「この行動は、一部の優秀な人はできるかもしれないけど、私には無理」と思っては実行に結びつかないため、だれもが実施でき、それでいて効果的な具体的行動を定義していくのである。

こうした「勝利の方程式」の定義は、自行の有するノウハウの集大成ともいえる。本部だけでなく、優秀な支店長・営業担当者も巻き込んで、多くの人の経験をもとにつくりあげていくとよいだろう。

◇活動マネジメントの仕組みを整える

営業プロセスごとに強化策を取り入れ、「勝利の方程式」を見える化したら、それがきちんと機能するよう、営業担当者の活動をマネジメントする仕組みを整えていくことも忘れてはならない。

① 管理の高度化で、「勝利の方程式」を定着させる

「ハードル」を乗り越えるための「具体的行動」を定着させるには、繰り返し何度も営業担当者の意識のなかにすり込む必要がある。そこで、支店で活用している「活動管理表（営業記録）」を改訂し、「ハードル」をチェック項目（活動管理項目）として設けて、「ハードル」の通過状況を記入させることをお勧めする。これにより、営業担当者は活動管理表を記入するたび、そして支店長などから活動管理表に基づくアドバイスを受けるたびに「ハードル」「具体的行動」が意識にすり込まれるため、活動の定着に結びついていく。結果として、単なる訪問ではなく、有効面談の数も増加していくはずである。また、活動管理表をチーム全体で共有し、「あいつには負けられない」「自分だけ遅れているのは何とかしないと」といった競争意識を芽生えさせていくことも、支店全体のスキル底上げには有効となる。

② 〝実戦的〟なスキル強化で、客先での対応力を高める

営業担当者が「具体的行動」を強く意識しても、その裏付けとなる実戦的なスキルが不足していては心もとない。たとえば、「経営課題の仮説」をどんなにうまくつくっても、実権者に対して、相手の立場に立った説明ができず、独りよがりなものになってしまったならば意味をなさない。そこで、ＯＪＴ・ＯＦＦ－ＪＴの双方を活用し、実戦力を高める必要がある。たとえば、ＯＪＴとして支店長などベテラン行員との同行訪問の機会を増やすことも必要となろう。ＯＦＦ－ＪＴでは、先に触れたように客先で役に立つ決算書の読み方のトレーニングや、ロールプレイング、チームミーティング（単なる活動報告の場とせず、案件を議論し考える場として位置づける）を活用していくことなどが、実戦的スキルの強化に役立つ。

③ 褒める仕掛けでモチベーションを高め、取組みを加速させる

営業担当者が自発的に行動を起こすようになると、支店での取組みは一気に加速する。そこで、営業担当者のモチベーション向上につながる、〝褒める〟仕掛けを、うまく支店運営のなかに組み込みたい。褒める対象は、銀行取引の獲得に限定する必要はない。活動を通じて、顧客の成長と夢の実現に貢献することができたのであれば、それこそおおいに褒めるべきである。また、そこまで行かなくても、「自身の成功体験をもとに、他のメンバーに役立つノウハウを創出した」「勝利の方程式にのっとり、着実に次のステップに進めた」などの行動も対象としてかま

わない。行動も褒めることで、担当者を褒める機会が増えるだけでなく、支店長が日々の活動を気にかけてくれている、という信頼感の醸成にもつながり、一体感をもった取組推進に結びついていく。ここまでくると、営業担当者の活動の質は、みちがえるほどの進化を遂げているに違いない。

6 営業店に頼られる本部になる

営業活動の質を高めていくためには、本部によるサポート態勢の強化も重要となる。

◇営業店へ業界・業種別の情報を提供する

営業店で重点訪問先の「アカウントプラン」を作成すること（＝営業プロセスのなかで、顧客の理解を深め、顧客の経営課題を考えること）は、最初のうちは手こずるだろう。「アカウントプラン」の内容は、顧客ごとに異なるものでなければ意味をなさないが、入口段階の理解として、顧客の属する業界に共通する一般的なことは予備知識として知っておく必要がある。そこで、本部から営業店に対して、業界ごとの現状や特性、業界共通の悩み（収益面・コスト面・資金面など）

を整理して提供してあげるとよいだろう。この際、すべての業界に関する情報提供はむずかしいと思うので、長期ビジョンで注力すると定めた業界があれば、その業界に対しては必須のものとして行い、その他、地域の主要な産業や、自行の重点訪問先が多く属する業界から順次、情報整備を進めていくとよいだろう。

◇顧客の課題に食らいつく

営業店が重点訪問先に関する理解を深め、経営課題の解決に向けた動きを強化すれば、必然的に営業店だけでは対応できない顧客の悩みに向き合うケースが増えてくる。本部は、ここであがってきた顧客の悩みには、何としてでも食らいついていく覚悟が必要となる。課題解決のために自行がとりうる最善の策をとり、それを顧客が認めてくれれば、結果として顧客の役に立つことができなかったとしてもマイナスにはならず、次に何かあった際にも頼ってくれるだろう。また、営業店も顧客の経営課題と向き合う活動を安心して続けていくことができるはずである。

もちろん、自行内ですべて解決する必要はない。長期ビジョンのなかで、特定の産業に対する徹底的な貢献を目指したのであれば、その業界のOBや関係者を採用して態勢強化を図ることも有効だが、それでも限界はある。外部の専門家とのネットワークを築き上げ、自行が核となって顧客に最適な外部専門家を紹介することができれば、それで十分である。

◇営業店が自慢する機会を設ける

営業担当者の強化のなかで、褒める仕掛けの導入をお勧めしたが、営業店が自慢できる場を用意して、優れた取組みを表彰する仕掛けも用意したい。現在でも表彰制度はあるが、その多くは「数字」を褒めるものとなっている。それとは次元の異なるものとして、「顧客の成長と夢の実現」に対する貢献を、営業店に自慢させるのである。可能であれば、顧客にも表彰大会に出席いただき、顧客の口から何が役に立ったのかを説明してもらえるとなおよい。顧客への貢献を自慢し、それを本部（役員）が表彰する場をもつことで、自行は何を大事にして活動をしているのかを強いメッセージとして行内に植えつけることにもつながってくる。

◇営業店の人員配置を適正化する

本部にしかできないことに、営業店の営業担当者の配置の見直しがある。地方銀行で一般的にみられるのは、営業店ごとの貸金もしくは預貸金の残高に応じた人員配置である。また、〝声の大きな〟支店長のもとへ、結果としてより手厚く担当者を配置しているケースもみられる。貸金・預貸金残高をベースとした人員配置は、一見、理にかなっているようにも思えるが、一顧客で三〇〇〇万円の貸出がある先と、五〇〇〇万円の貸出がある先とでは、実際は両方とも営業担当

図表５－８　営業担当者当りの重点訪問先数：現行の人員配置基準では、１人当りの担当数が２倍以上の開きとなっていることも珍しくない

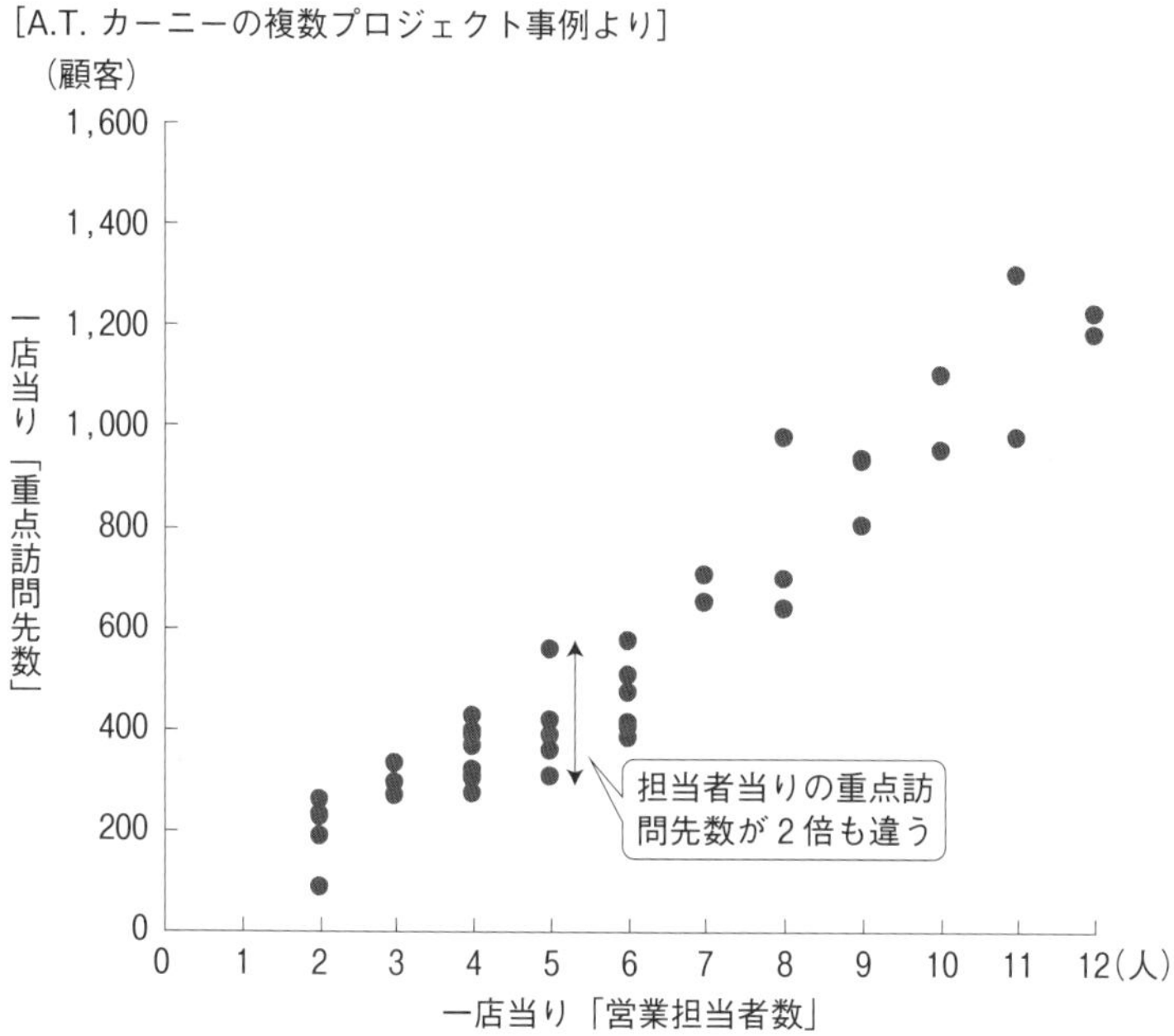

（出所）　A.T. カーニー

者は一名の配置となるため、人員配置基準に差を設ける必要はない。また、特定の大口先への対応は、実際は支店長が対応するため、営業担当者の人数に反映させるのは合理性を欠く。

本来あるべきは、重点訪問先の数に応じた営業担当者の配置となろう。過去のA・T・カーニーの支援経験では、担当者当りの重点訪問先数が、営業店に

より二倍以上開いていたケースも珍しくない（図表5－8）。これでは、たまたまどの営業店の顧客だったかによって、対応の手厚さ（かける時間）に倍の差が生じてしまう。現在、もしも人員配置にミスマッチが生じているのであれば、重点訪問先に対しては、どの営業店であっても同程度の工数（時間）をかけ、顧客と向き合う時間がとれるよう配置を適正化すべきである。

営業担当者の顧客対応時間を増やす

法人営業力を強化するには、営業担当者の「質」「量」の双方を高める必要がある。本章で説明した、顧客としっかり向き合い、顧客の理解を深めて本業の経営課題についても相談に乗れるだけの力をつけることは、「質」の強化に当たる。

一方で、「量」を増やすために、各行とも業務の効率化を行い、営業担当者の数を増やす取組みを進めている。大事な取組みであり、おおいに進めるべきであるが、業務効率化で捻出できた人材が営業担当者としてそのまま活躍できるとは限らないため、並行して捻出人材のスキル強化策も必要となる。

これとは別に、「量」の観点から効果の即効性が期待できるのは、現在の営業担当者の営業活動時間（顧客対応時間）を増やすことである。頭数は増えないものの、顧客対応時間が現在五時間程度であれば、これを一時間でも増やせれば、頭数を二〇％増やしたのと同じ効果（しかも、「質」は維持されている）が得られる。営業担当者の業務の棚卸をして、顧客訪問以外に何に時間を使っているのかを把握したうえで、廃止できる行内業務はないか、他の係との役割分担の見直しはできないか、定年再雇用者などに割り振れる業務はないか、を考えてみるとよいだろう。

第 6 章

個人営業戦略

1 営業戦略の再構築が求められる

長きにわたり、ほとんどの地方銀行は、法人分野をビジネスの中心にとらえてきた。しかし、第1章でもみたとおり、地域経済の衰退、法人企業数の減少、資金需要の低迷、さらには競争環境の激化に伴う貸出金利の低下など、法人分野からのこれまでと同等の収益確保はむずかしい状況にある。そこで、必然的に重要度が増しているのが、個人分野である。

地方銀行の個人分野の柱は、これまでは住宅ローンが担ってきていた。しかし、住宅ローン残高はすでに頭打ち傾向となっているうえに、将来的にも少子高齢化の影響を受けて、リフォームローンの需要こそ見込めるものの、住宅の新規取得に伴う住宅ローン残高の積増しは見込みがたい。また、金利競争の結果として採算性も悪化しており、収益が見込める商品ではなくなりつつある。

個人分野のもう一つの柱として、投資信託や資産運用型の生命保険商品（一時払変額年金など）の販売を通じた預り資産ビジネスの強化にも取り組んできた。預り資産ビジネスは、社会保障への不安などを背景に、現役世代でも将来への備えを意識する割合が増えてきていることからも、今後も成長が見込める領域といえよう。しかし、投資信託は景気による影響を受けやすい商品であり、資産運用型の生命保険商品も「売れすぎ」による生命保険会社の販売停止措置があったように、安定的な収益確保の観点からは難がある。

このように、重要度は増しているが、一方でこれまでと同じやり方だけでは不安があり、営業戦略の再構築が求められているのが、地方銀行における個人分野といえよう。

2 隠れた（マス）富裕層を見つけ出すターゲティング

個人顧客への営業戦略を再構築するにあたり、まず考えるべきは、ターゲティング、すなわちどの顧客をねらうのかを明確にすることである。法人顧客に比べて、個人顧客は圧倒的に数が多い。また、法人での重点訪問先のように、一先に多くの時間をかけすぎるわけにもいかないので、工夫が必要となる。

現状では、自行預金残高一〇〇〇万円ないしは二〇〇〇万円程度を基準として、それ以上の取引のある顧客を訪問対象とするなど、対象を絞り込んだ活動をしているはずである。ところが、この基準だと、自行取引は少ないものの、資産を多く有している層をごっそりと見落としてしまうリスクがある。A・T・カーニーが、保有金融資産一〇〇〇万円～三億円の層に対して実施し

図表6－1　（マス）富裕層の預貯金分散：金融資産1,000万円～3億円を保有する層の約8割が、1,000万円を目安に分散させていた

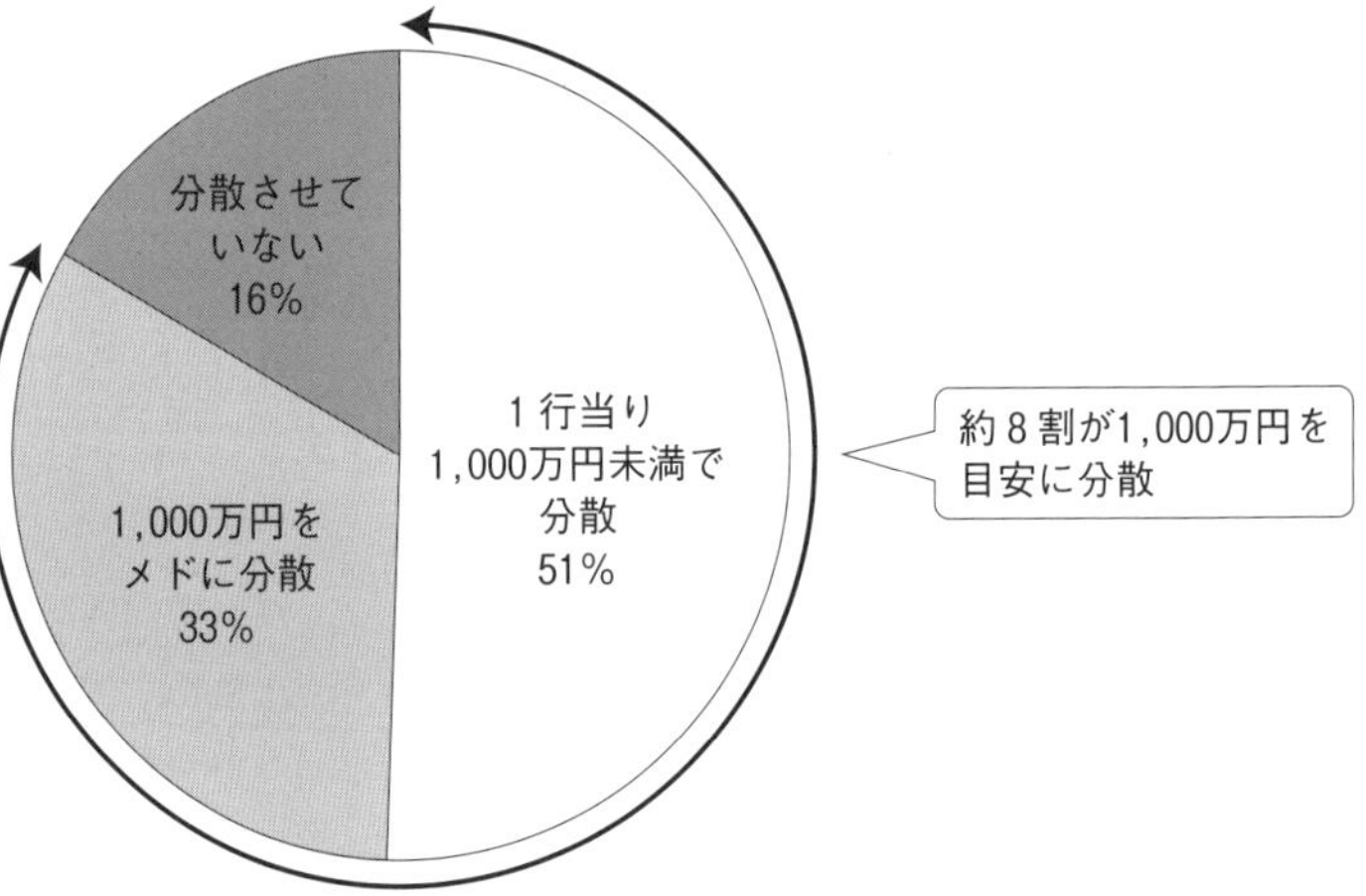

（出所）　A.T. カーニー

た調査では、約半数が預貯金を「一〇〇〇万円未満」に分散して金融機関と取引をしているとの回答だった。また、「一〇〇〇万円をメド」に分散しているとの回答もあわせると、実に八割もが一〇〇〇万円程度を目安に、金融機関への預入れを分散していることがわかった（図表6－1）。分散させている理由を探ってみると、ペイオフが導入された際にマスコミでも一種のブームのように取り上げられたため乗り遅れまいと、自身も預貯金の分散をしてみたが、その後にどの銀行からも資産運用に関する魅力的な提案がないため、いまに至るまで分散したまま残している、という声が多かった。これでは、訪問基準を自行取引

図表6－2　（マス）富裕層の銀行接点：約8割の（マス）富裕層は、銀行の営業担当者との接点は弱かった

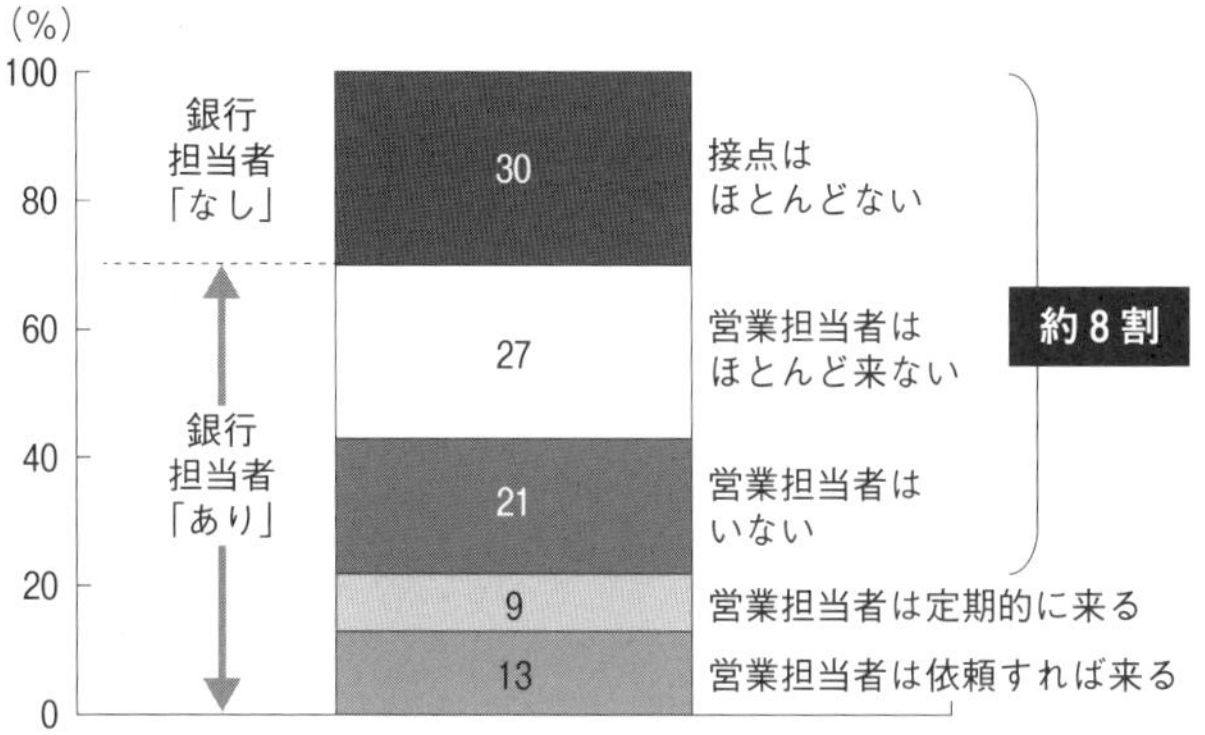

（出所）　A.T. カーニー

図表6－3　悪循環：（マス）富裕層であっても、いまのままでは取引拡大は見込みにくい構図になっている

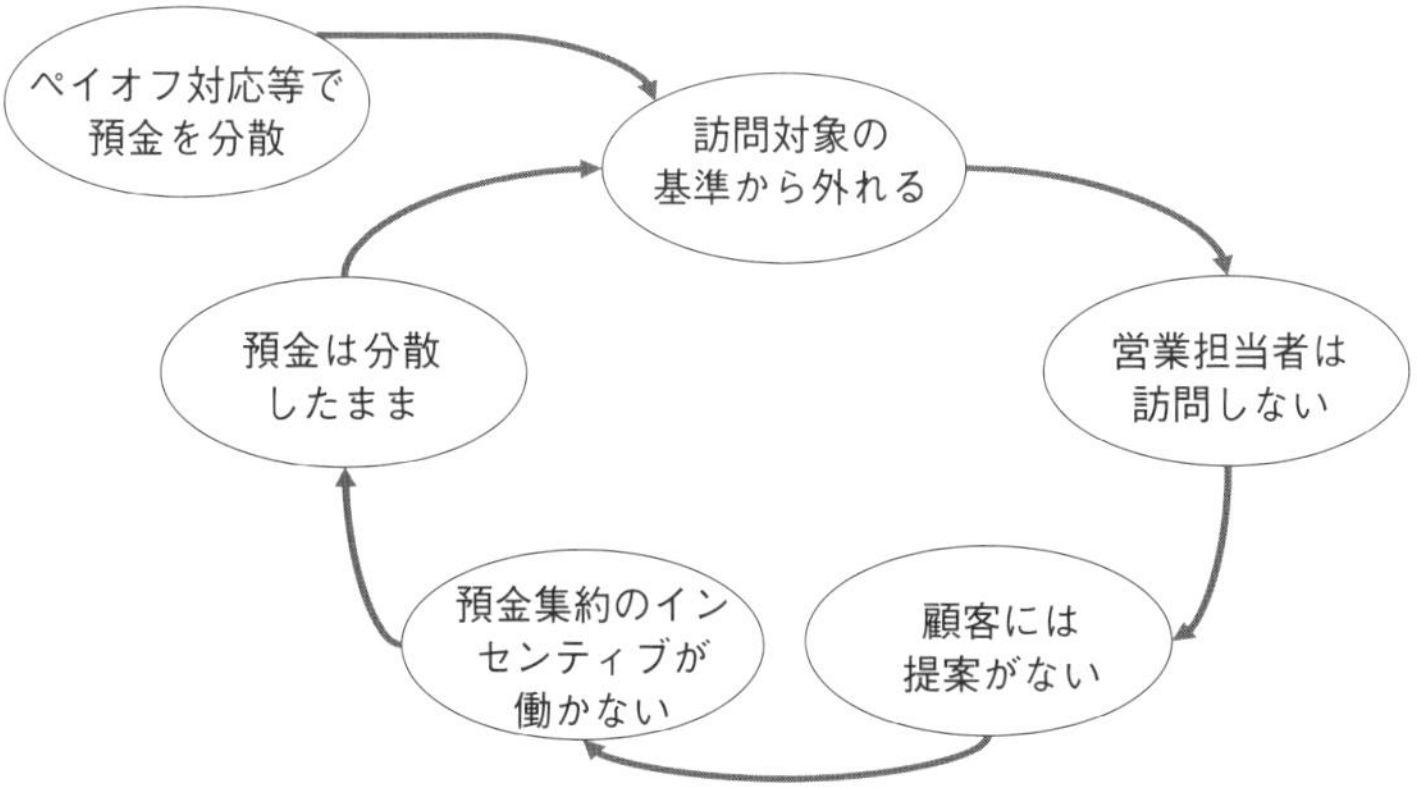

（出所）　A.T. カーニー

一〇〇〇万円以上としていた場合でも、訪問対象からもれる（マス）富裕層は数多く存在してしまう。実際に、同じ調査では、約八割の人が、銀行の営業担当者とは接点をほとんどもっていないと回答していた（図表6－2）。預金を分散しているため、地方銀行の訪問対象基準から外れ、そのまま預金を集約するインセンティブも働かないため分散状態が続いてしまっているのである（図表6－3）。こうしたことから、自行取引が多いという理由だけでターゲットを決めるのでは不十分であり、自行取引が多い顧客と、少ない顧客とで分けたうえで、対応策を考える必要がある。

◇自行取引の多い顧客⇒適切なチャネルを割り当てる

自行取引がすでに多い顧客は、ターゲット先として外すことはできない。ただし、（マス）富裕層として一括りに扱うのではなく、複数の視点でセグメンテーションを行う必要がある。現役層なのか引退層なのか、企業オーナーなのか、サラリーマンなのか、地主なのか、医者なのか、等によって平日の日中に会える・会えないは異なるし、地方銀行として訴求すべきポイントも、訪問のねらいも異なるはずである。セグメンテーションをしたうえで、セグメントごとに、どのチャネルで何を訴求していくのかを割り当てていく必要がある。

◇自行取引の少ない顧客⇓優秀な窓口担当者のノウハウを活用する

一方の、自行取引が少ない顧客は、自行が認識できてない（マス）富裕層なのか、単なるマス層なのか見極めが重要となる。そこで、さまざまな視点から、自行が認識できていない（マス）富裕層を見つけていく取組みが必要となる。たとえば、

●自行預金がほぼ一〇〇〇万円の顧客は、ペイオフ対策で複数の金融機関に資金を分散している（マス）富裕層の可能性が考えられるため、この層を重点的にねらってみる。

●証券会社との取引が振込履歴で確認できた顧客は、証券会社で多額の運用を行っている富裕層の可能性があるので、攻めてみる。

●一定額以上の給与振込みがあるものの残高が少ない顧客は、決済口座として使われているだけで、他で資産運用をしているフローリッチな（マス）富裕層の可能性があるため、攻めてみる。

こうした、取引関係をもとに隠れた（マス）富裕層を見つける手法は、優秀な窓口担当者であれば、やっていることである。そのノウハウを銀行全体の知恵として昇華させ、全行的に活用するのである。

また、既存の取引以外からも、自行が把握できていない（マス）富裕層を誘い出してみたい。

たとえば、ニューマネー限定での長期間・高額・高利回りの定期預金を発売してみるのも手である。長期にわたり高額の定期を預けておける人は、他行に多くの資産を抱えている（マス）富裕層の可能性が高いので、この定期預金の取引開始をした人は、自行が認識できていなかった（マス）富裕層だと想定できる。

◇タイミングをねらい、手続処理だけで終わらせない

取引拡大につながりやすいタイミングの顧客を、的確にターゲットとすることも重要となる。銀行は、取扱商品（例：住宅ローン）や、手続（例：改姓・住所変更）などを通じて、顧客のライフイベントの多くを把握できる立場にあるので、これをターゲティングにも有効活用するのである。たとえば、以下のようなアイデアが考えられる。

- 「住宅ローンの申込み」というイベントを活用し、住宅購入を機とした保険加入をねらってみる。住宅ローンの返済が家計の負担となるうえに、団体信用生命保険の加入に伴い保険の必要保障額も変化するため、保険見直しの必要性を訴求し、取引につなげていくのである。また、小さな子どもがいることがわかったら、学資保険の提案をしてみてもいいだろう。
- 「住宅ローンの繰上げ返済」をした顧客がいたら、相続等で多額の資産を手にした可能性もあるため、預り資産を勧奨してみる。

●「改姓」の手続があった際は、結婚を機とした保険見直しのアドバイスを行い、保険加入を勧奨してみる。
●「相続」の手続の際は、高齢未亡人であれば、資産を次世代に引き継ぐための一時払終身保険を勧奨してみる。

こうした取組みは、銀行取引として認識できた断片的な情報から、顧客の人生をイメージしているともいえる。第5章で述べた「顧客の成長と夢の実現に対して貢献すること」は、何も法人顧客に限る必要はなく、個人顧客に対しても同様でかまわない。日々の業務は忙しいだろうが、伝票をみるだけではなく、顧客の人生をイメージする発想への転換（回帰）が必要となろう。

なお、自行取引の多寡を軸にする場合も、タイミングをねらう場合も、成功の秘訣は、取引拡大につながる仮説を考えたうえで、実際に試し検証してみる「仮説・検証のサイクル」を繰り返しながら、より精度の高い仕掛けをつくりあげていくこととなる。ともすれば、地方銀行は、最初から完璧なものを求めたがるが、完璧なものをつくるために時間をかけるぐらいなら、消費者向けビジネスを展開している多くの企業が実践しているように、仮説をもとにまず試してみて、そのうえで修正を加えながらよいものに仕上げていくべきである。

3 仕組みによるクロスセルの実現

個人営業戦略を考えるうえで、新規顧客の獲得も重要だが、時間も手間もかかりやすい。そこで、既存の顧客に複数取引をしてもらう、いわゆる「クロスセル」が重要となってくる。

一九九〇年代の後半、ウェルズ・ファーゴは、個人分野を伸ばすにあたり、欧州の銀行をベンチマークとして自行との違いを分析した。その結果、一人の顧客に対するクロスセル数に大きな差があることを見出し、以降、クロスセル数の拡大を主要な取組テーマの一つに掲げるようになった。同行は、IRでクロスセル数を公開しているが、一九九八年の三・二から、二〇〇五年は四・八、二〇一二年には五・六にまで上昇しており、近い将来には七~八にまで増やすことを目標としている。

日本の地方銀行も、既存顧客へのクロスセルを推進してきているが、ウェルズ・ファーゴのように、自行顧客のクロスセル数を把握できているケースはほとんどないだろう。また、クロスセル実現のための営業手法は、懇意な顧客・預金残高の多い顧客に対して、本部の推奨するキャンペーン商品や、業績評価上の重要商品を次々と提案してきただけではないだろうか。この手法は、そのつど、営業担当者の多大な労力を必要とするため負荷が大きい。そのうえ、顧客が「喜んで」追加取引をしているのであれば問題はないが、「付合いで仕方ない」と思い取引をしてくれていた場合には、短期的な成果にはつながるものの、長期的にはこれまで先輩たちが築き上げてきた、顧客の自行に対するロイヤルティを引き下げている危険もある。

さらに、クロスセルを考えるうえでは、顧客は特定の金融機関に「囲い込み」されたいとは思っていない点は認識しておく必要がある。以前であれば、商品・サービスの提供側と、顧客とでは圧倒的な情報の非対称性があり、顧客は一つの金融機関と深く付き合っているほうが便利であった。しかし、現在はインターネットを使えば顧客も多くの情報を簡単に入手でき、複数の金融機関の商品・サービスの比較を、いともたやすくできる。たとえば、インターネットの検索サイトで「金利　比較　銀行」をキーワードに検索を行うと、自宅にいながらにして定期預金金利の高い銀行とその金利を、預入れ金額別に把握できる。情報入手が容易となった状況下では、同じ金融機関と複数の取引をしている場合でも、顧客は「囲い込まれている」とは微塵も思ってなく、「自分で選択した」結果として、たまたま同じ金融機関での取引が増えたにすぎないと思っているのである。これは、何も金融機関に限ったことではない。ｉＰｈｏｎｅやｉＰａｄ、ＭａｃＢｏｏｋなどアップル社の製品を複数使っている人は、アップル社に囲い込まれているとは考えていない。車でも同様に、買い換えるたびに同じメーカーの車種を乗り継いでいる人も、そのメーカーに囲い込まれているとは思ってなく、そのメーカーの車が好きで、自分で選択した結果として同じメーカーの車を購買しているのである。

さらに、個人分野においては、取引金融機関の選択肢は、地元の地方銀行以外にも豊富にある。定期預金は、インターネットが使えれば全国の金融機関のインターネット支店のなかからも選べる。投資信託であれば、証券会社（リアル店舗を有する証券会社も、インターネット専業会社も）が選択肢として当然あがってくる。

このように、顧客の「自分で選択している」という思いや、「選択肢が多い」ことをふまえると、クロスセルを営業担当者の力業だけに頼るのではなく、顧客が「当行との取引をもっと増やしたい」と思うような仕組みを築き、クロスセルにつなげていく必要がある。

◇顧客の期待を超える

クロスセル実現の一つめのポイントは、顧客の期待を超えることである。各地方銀行で行っているCS調査（顧客満足度調査）は、顧客の不満を把握するには役立つ。しかし、積極的な悪い体験がない限り、多くの人はアンケートで「普通」～「満足」と回答する。そのため、「CSが高い」＝「当行〝で〟いい」と解釈するのが妥当であろう。CSアンケートの結果を受けて「駐車場の出入りを改善」「帳票記入を簡素化」「店舗の老朽化に対応」「顧客宛通知物の文字を拡大」といった不満解消施策を行っても、クロスセルには遠い。そこで、顧客に「当行〝で〟い

図表6－4　カスタマー・エクスペリエンス（CE）：顧客の期待を超えていくことで、当行“が”いいという顧客を増やしていく

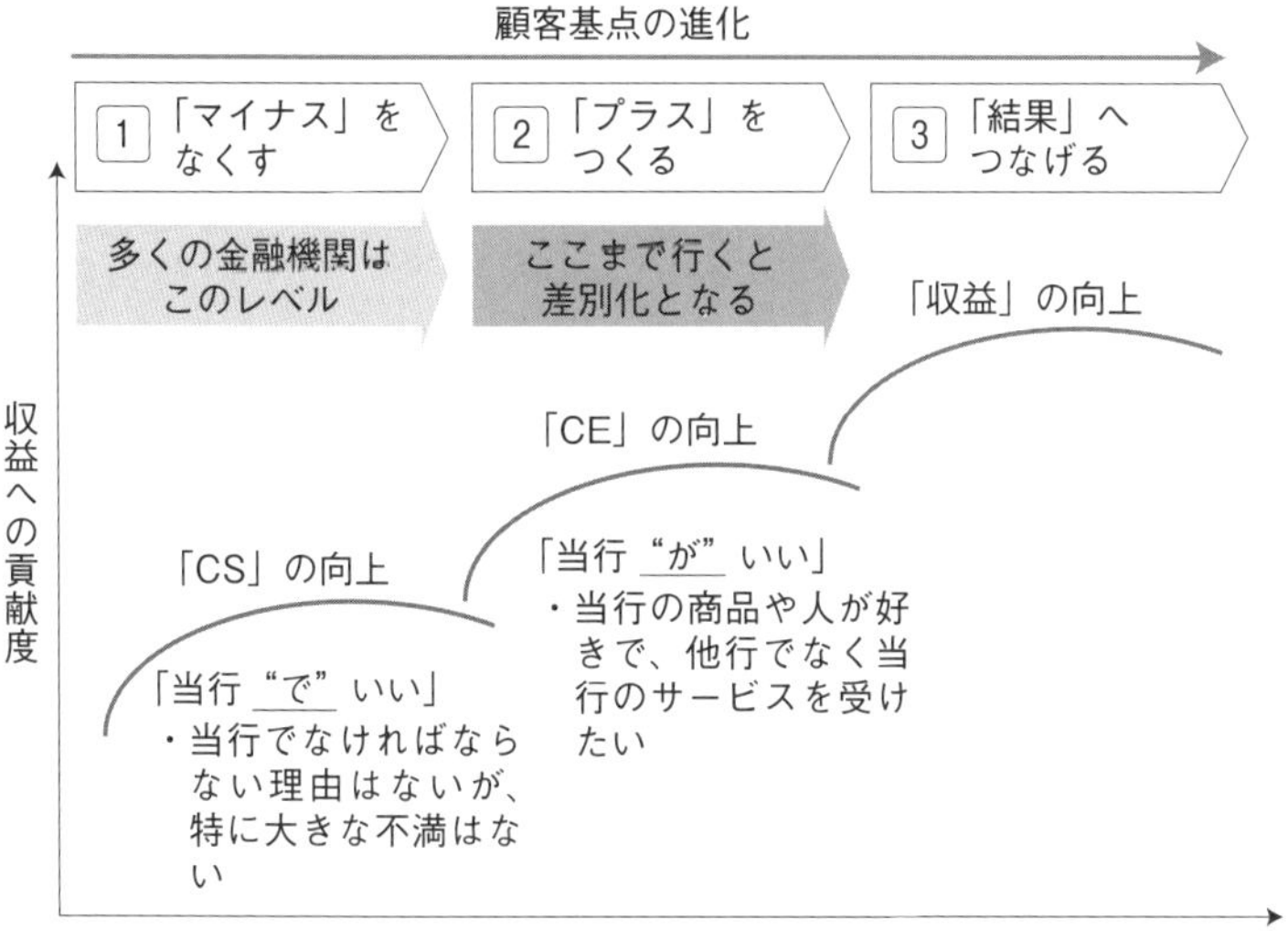

（出所）　A.T. カーニー

い」を超え、「当行〝が〟いい」と思ってもらうため、顧客ロイヤルティを醸成することが必要となる。そのための手段が、「CE（カスタマー・エクスペリエンス。顧客の経験価値）」の向上である（図表6－4）。CEは三つの指数でみていく（図表6－5）。

①　ブランド指数＝期待値の絶対水準

顧客の期待値が高いということは、自行に対して「解決してほしい」と思う課題があり、その解決への信頼性が高いことを示している。どの項目に対して期待値が高いかを知ることで、顧客が何を望

図表6－5　CEを測定する3つの指標：期待を高め、期待を超えることで、顧客のロイヤルティを形成していく

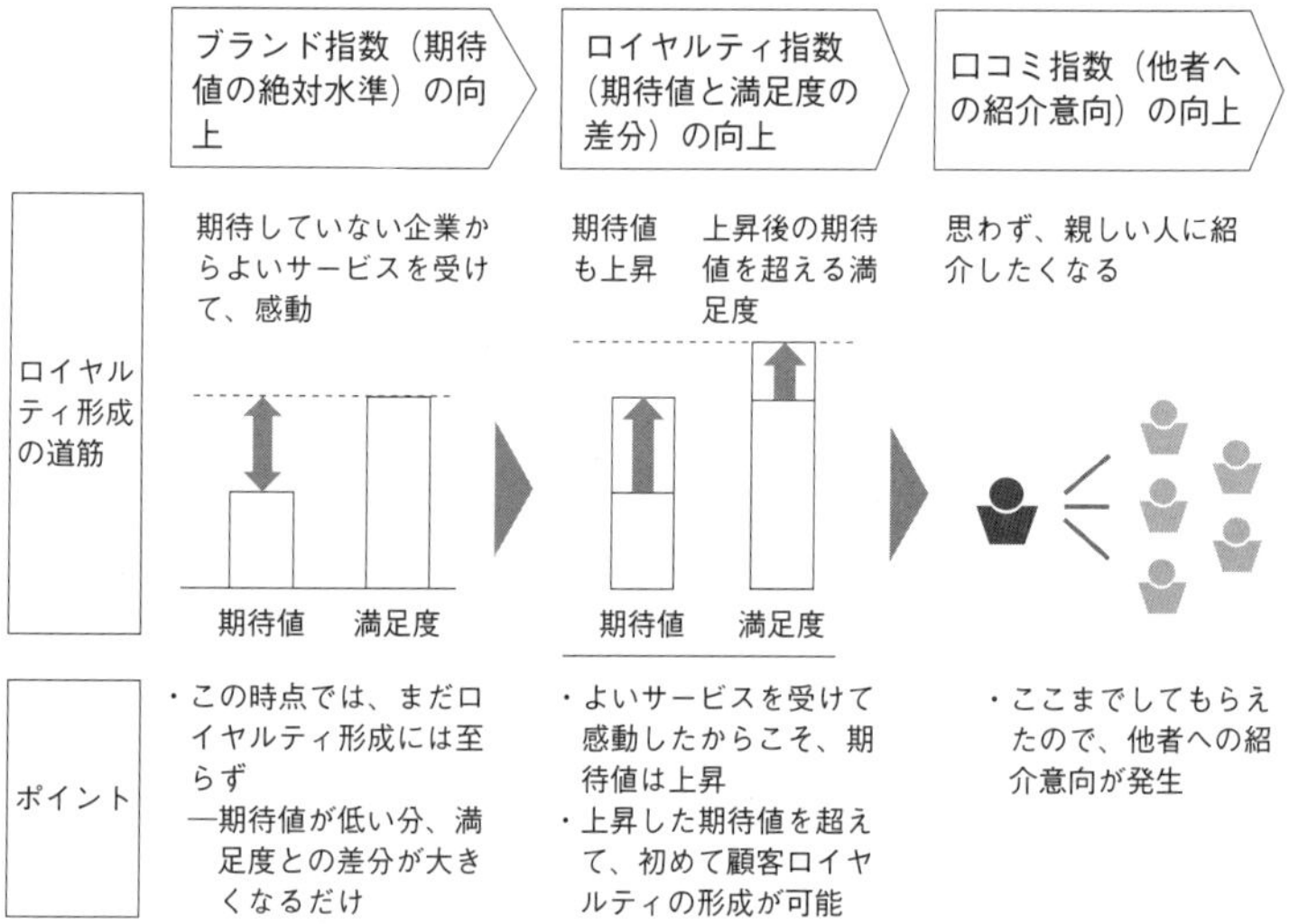
ブランド指数（期待値の絶対水準）の向上
ロイヤルティ指数（期待値と満足度の差分）の向上
口コミ指数（他者への紹介意向）の向上
ロイヤルティ形成の道筋
期待していない企業からよいサービスを受けて、感動
期待値
満足度
期待値も上昇
上昇後の期待値を超える満足度
期待値
満足度
思わず、親しい人に紹介したくなる
ポイント
・この時点では、まだロイヤルティ形成には至らず
―期待値が低い分、満足度との差分が大きくなるだけ
・よいサービスを受けて感動したからこそ、期待値は上昇
・上昇した期待値を超えて、初めて顧客ロイヤルティの形成が可能
・ここまでしてもらえたので、他者への紹介意向が発生

（出所）　A.T. カーニー

んでいるかを把握できる。他方で、ＣＥ調査をしてみると顧客の期待値が低いケースも存在する。自行の提供できる価値が、顧客に認識されていない場合には、期待値も低くなる。近時、地方銀行でもブランド向上の取組みがなされているが、自行が顧客に期待されていたい事項について、顧客はそもそも期待をしているのかを、まずは把握する必要がある。そのうえで、顧客の期待値が低いのであれば、期待値を上げる取組みから行っていかなければならない。

②　ロイヤルティ指数＝期待値と満足度の差分

顧客の高い期待値に対し、それを上回る満足度を提供できていれば、顧客の「解決してほしい」課題への対応ができたことを意味し、顧客ロイヤルティの醸成に成功したといえる。逆に、顧客満足度が期待値よりも低い場合には、顧客はものたりなさを感じているため顧客対応力を上げる努力が必要となる。

③　口コミ指数＝他者への紹介意向

他者への紹介意向は、自行のことを本当に気に入ってくれているかを知る重要な指標となる。紹介してもいいというレベルと、満足しているというレベルには、隔たりがあり、ＣＳ調査で「満足」と回答したからといって、当行のことを他者に紹介してもいいとまでは思っていないだろう。

口コミ指数は、顧客ロイヤルティを測定する手法として有効なため、多くの業界で取り入れられている。ただし、金融機関の場合には、お金が絡む分、口コミ指数が機能しない場面もある。たとえば、超大口の顧客や、消費性ローンの顧客は、自らのお金に関する取引を他者に知られたくないため、自行へのロイヤルティが高くても、他者への紹介意向は消極的となる。そのため、ＣＥ調査を行う際は、顧客の立場を思い描いて、口コミ指数が効く顧客・質問内容かを解釈しながら、分析を進めていく必要がある。

説明してきたように、ＣＳ調査が満足度のみを把握するのに対し、ＣＥは満足度と期待値の双方を把握することがポイントとなる。双方を把握することで、初めてクロスセルにつながる的確なアクションにつながる。たとえば、五点満点の調査で、五点が最高、一点が最低だったとする。ＣＳ調査で「満足度」を把握した結果、項目Ａは四点、項目Ｂは二点だったとしたら、項目Ｂを優先して改善するだろう。しかし、ＣＥ調査で「期待値」と照らし合わせてみたところ、項目Ａの期待値は五点、項目Ｂの期待値は一点だったとしたら、いますぐとるべきアクションは項目Ａの満足度改善であることがわかる。

ＣＥの向上、すなわち顧客の期待を高め、その期待を上回り、他者に紹介したいと思うほどにまでなれば、当行の商品・サービスや人が好きで、他行ではなく「当行〝が〟いい」と思ってもらえるまでの差別化要素となっていると考えられ、クロスセルも期待ができる。実際、Ａ・Ｔ・カーニーの調査では、ＣＳと収益性との関連はみられなかったが、ＣＥは収益に大きく影響していた（図表６－６）。また、住宅ローンのＣＥが高いほど、消費性ローンの自行での利用率も高まるなど、クロスセルの効果も確認されている。

図表6－6　CS・CEと収益性（預金シェアで代替）の相関：CEは預金シェアの多寡と相関していたが、CSと預金シェアの相関はみられなかった

[CS（満足度）と預金シェアの関係]

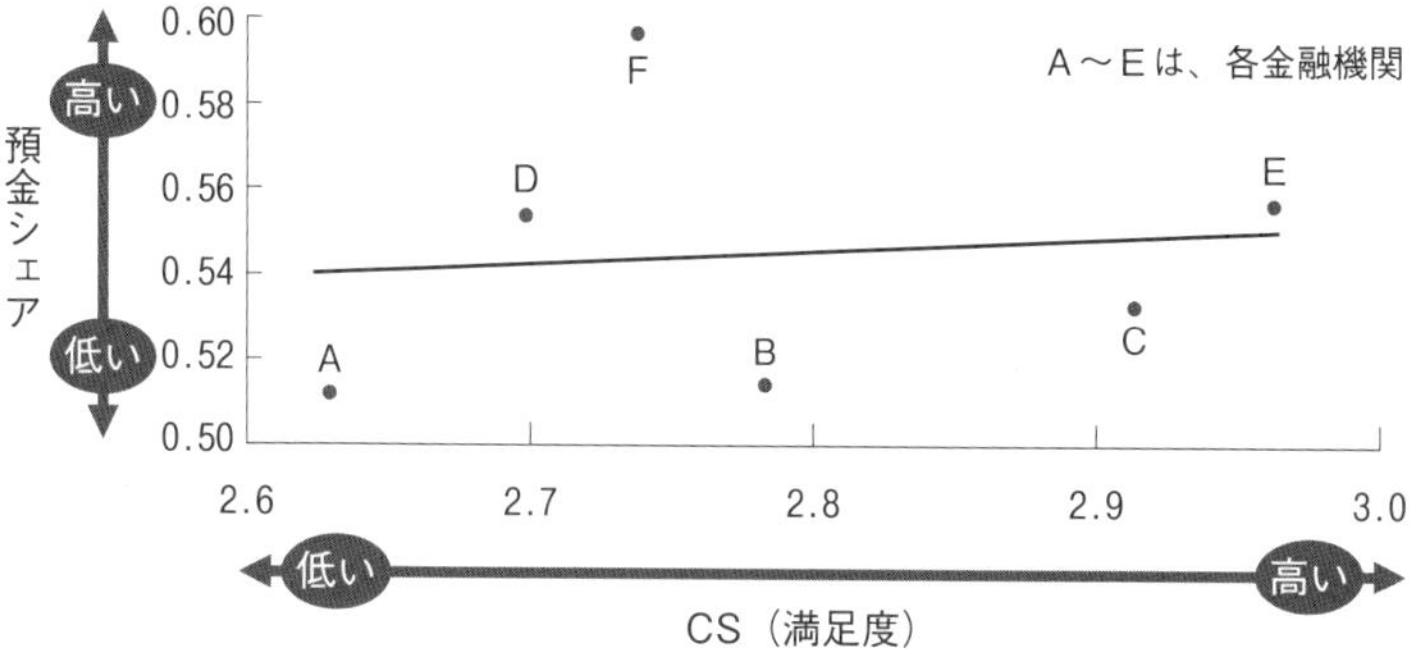

[CEと預金シェアの関係]

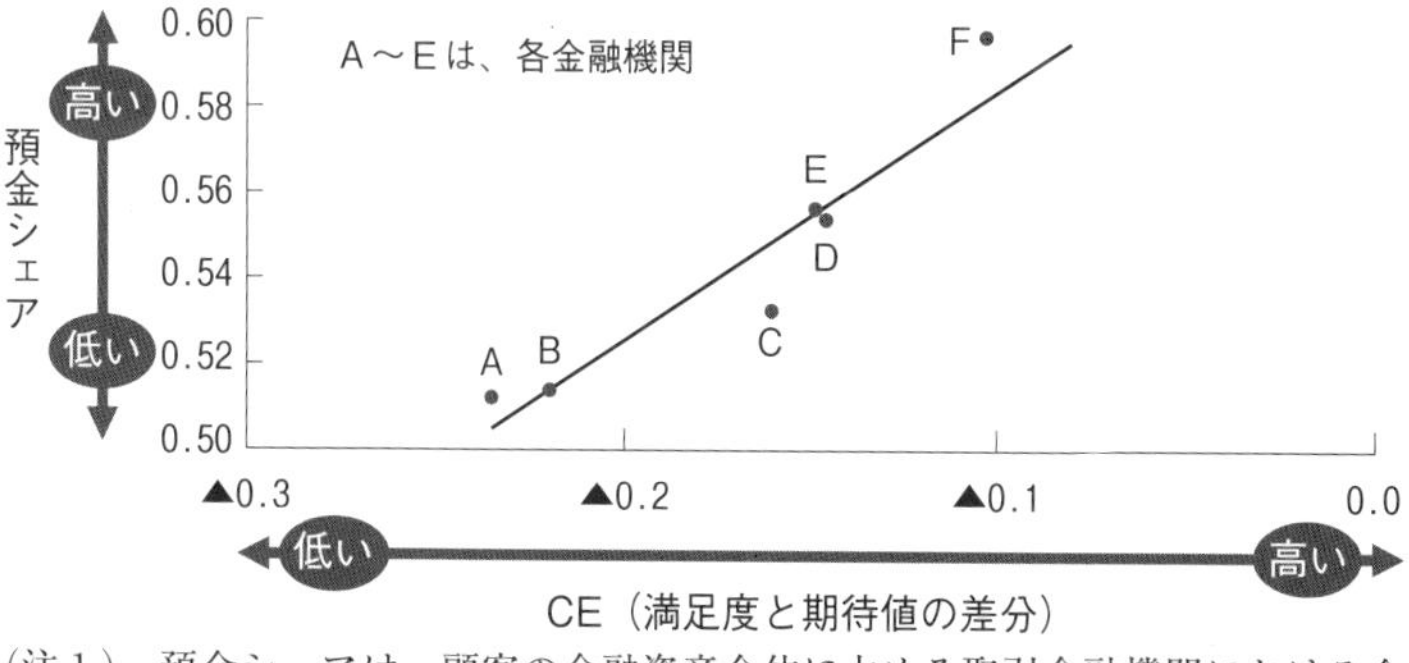

（注1）　預金シェアは、顧客の金融資産全体に占める取引金融機関における金融資産のシェア。

（注2）　CEは、期待値と満足度の差分。本調査上は、満足度から期待値を差し引いて算出。

（注3）　期待値は、顧客が取引をするうえで、商品・サービスに「どの程度期待しているか（重要視しているか）」を5段階で評価。

（注4）　満足度は、商品・サービスに対して顧客が「どの程度満足しているか」を5段階で評価。

（出所）　A.T.カーニー実施のwebアンケート調査

CEを軸に顧客視点を徹底（旧・ワコビア）

旧・ワコビアは、アメリカ東部・南東部の地銀との統合により成長してきた。しかし、二〇〇六年にアメリカ西部にあるゴールデン・ウェストを、土地勘もないなかで、十分なデューデリジェンスも行わずに買収に踏み切ったために、後に大きな不良債権を抱え込み、二〇〇八年にウェルズ・ファーゴに救済された。統合の失敗により救済された銀行ではあるが、金融危機以前からCEの考え方で顧客視点を重要視しており（ウェルズ・ファーゴに統合されて以降も、その精神は変わらない）、一九九〇年代後半から一〇年近くにわたって全米顧客満足度ランキングで第一位をとり続けるなど、顧客重視の文化には定評があった。

同行は、CEの評価を徹底して行い、経営陣自らがその改善に強くコミットしている点に特徴があった。顧客からのフィードバック調査は、日本の銀行の一般的なCS調査とは根本的に異なる思想のもとで（図表6－7）、リレーションシップマネージャー、コールセンター、インターネット等のあらゆるチャネルを通じて実施され、リテール部門だけでも年間四〇万回以上の調査を行い、顧客がワコビアに対して、良し悪しを感じた瞬間がどこにあるのかを探っていた。当然、顧客からの調査以外にもコールセンターの待ち時間やATM障害の件数など社内で把握できるオペレーションの指標も手元にもっていた。そのうえで、経営陣によるWISE（＝Wachovia Is Service Excellence）と呼ばれる評価会議で、CEO以下の全部門ヘッド

図表6－7　旧・ワコビアのCE調査：日本の銀行のCS調査とは根本的に異なる思想で実施している

	旧・ワコビアのCE調査	日本の銀行の一般的なCS調査
データ収集	・年間40万回以上のアンケートを実施 －毎月10回、全店舗（3,500店舗）で実施	・年間数回のアンケート ・つど対応（クレーム）
	・あらゆる顧客に対する調査	・一部の顧客に限定 －アンケートに回答してくれる好意的な顧客のみ
	・各種チャネルによるアンケート実施 －インターネット、コールセンター、顧客からの行員への意見	・データ取得に利用するチャネルは限定的 －電話、インターネット（顧客相談メール）
	・顧客サービスレベルを測定するKPIを多数設定 －リアルタイムでチェック可能	・顧客サービスレベルを測定するKPIの設定範囲が限定的 －リアルタイムでのチェックまで至っていない
評価	・経営層自らが最重要の経営課題と認識し、毎月評価会議を実施。現場にもリアルタイムでフィードバック	・経営陣による経営課題としての認識が低い、または重要性が現場レベルまで伝達されていない
改善の仕組み	・カスタマー・エクスペリエンスの効果を明確に把握 －顧客の離反が収益にもたらす影響を数値化	・顧客満足度が与える影響を把握できていない
	・業績評価と連動 －期初に部門トップが業績目標としてコミットメント －目標達成・未達成を評価／報酬に反映	・必ずしも業績評価とは連動していない
	・効果測定の実施 －外部調査機関によるアンケートも併用	・効果測定は限定的 －一部の好意的な顧客に対するアンケートにとどまる
	・全行員がリアルタイムでチェック可能	・現場レベルでの共有が不十分 －行員全員へのフィードバックはなされていない

（出所）　A.T. カーニー

三〇名が九〇分かけてCEをレビューして、経営陣自らがCEの改善に向けて率先して取り組む姿勢を示していた。各部門のヘッドは、期初にCEの目標数値をコミットしており、結果は業績評価にも連動していた。

また、全行員が顧客からのフィードバックと各評価指標をいつでも、リアルタイムで閲覧できる環境も整備されており、経営から現場まで顧客重視の文化が浸透した結果として、長年にわたる顧客からの高い評価につながっていたのである。

◇商品・サービスをパッケージ化する

顧客に「当行との取引をもっと増やしたい」と思ってもらうための二つめのポイントは、商品やサービスのパッケージ化である。現在も、預金と投資信託をセットにすることで、預金金利を上乗せするなど、一部の地方銀行関・一部の商品でパッケージ化は行われているが、主流は単品取引である。

単品取引は、顧客からすると、商品へ申し込むたびに、申込書類への記入や各種の確認資料の提出などが必要となるため利便性には乏しい。また、銀行としても毎回、他の金融機関との獲得競争となり顧客に自行を選択してもらえる保障はない。

そこで、商品・サービスをできる限り「パッケージ化」して提供することができれば、顧客はそのつどの面倒な手続から解放され、銀行もパッケージ内でのクロスセルにつながるため、双方にメリットがある。ここで重要なのは、最初にパッケージを購入した段階で、パッケージ内の他の商品・サービスの申込みも一緒にすんでいることである。さらに、パッケージ化により金利や手数料などの優遇も施すことで、顧客のメリットは手続面・商品面（金利等）ともに大きくなるため、当行と取引をしたい、と考え選択してくれる可能性は高まる。

パッケージ化の取組みは、欧米の金融機関が参考となる。

前述したとおりクロスセル拡大を重要テーマとしたウェルズ・ファーゴは、〝Wells Fargo Package〟というパッケージを投入した。これは、ベーシック・デラックス・プレミアの三段階からなるサービスパッケージで、上位のサービスほど、月額利用料は高いものの、パッケージに含まれ優遇対象となる商品・サービスは多く、顧客にメリットがある仕組みとなっている。実際、新規口座開設者の約八割が、上位のプレミアサービスである〝Wells Fargo PMA Package〟を購入しており、顧客当りのクロスセル数の引上げに寄与している（図表6－8）。

同様に、イギリスのウーリッチ（現・バークレイズ）も、〝Open Plan〟という特徴あるパッケージ商品を開発して、顧客数・クロスセルの拡大に成功した。〝Open Plan〟は、モーゲージ商品を核として、預金残高とモーゲージ商品の残高を相殺するだけでなく、自動車ローンや個人ローン

図表6－8　"Wells Fargo Package"概要：新規口座開設者の8割が上位のプレミアサービスを選択

	ベーシック	デラックス	プレミア
パッケージ名	Custom Management Package	Complete Advantage Package	Wells Fargo PMA（注1）Package
サービス内容	デビットカード、無料オンライン／モバイルバンキング、当座信用枠、オンライン支払手数料無料		
	当座預金口座＋貯蓄預金口座（預金金利なし）	・優遇金利付当座預金口座／貯蓄預金口座 ・小切手の割引サービス	・左記に加え、当座預金／貯蓄預金口座が投資用口座と連動 ・手数料無料の小切手・トラベラーズチェック
月額利用料（注2）	＄10 ※＄1,000以上の預金残高維持か月＄25の貯蓄口座自動振替えで無料	＄15 ※＄5,000以上の預金残高維持か月＄75の貯蓄口座自動振替えで無料	＄30 ※＄25,000以上の口座預金残高維持で無料
単品利用と比較したメリット例	・ATM手数料優遇	・ATM手数料優遇 ・貯蓄口座預金金利優遇 ・住宅貯蓄口座と金利連動	・貯蓄口座優遇金利（CDs、IRA口座含む） ・投資信託手数料割引 ・各種ローン金利優遇 ・クレジットカード手数料無料、各種付帯サービス ・証券口座手数料等割引ほか
パッケージの特徴	決済系サービスと少額貯蓄を中心としたエントリー向け金融サービス	決済・ローン・資産運用をバランスよく取り入れた総合金融サービス	資産運用を中心とした金融サービス

顧客の成長を促す仕組み

（注1）　PMA：Portfolio Management Account
（注2）　口座預金残高以外に各サービスの基準による利用料無料制度あり。
（出所）　Wells Fargo IR Presentation（2005, 2009）, Investor Call of Wells Fargo（2010）

図表6－9　Open Plan：モーゲージ商品を核に、画期的なパッケージを開発

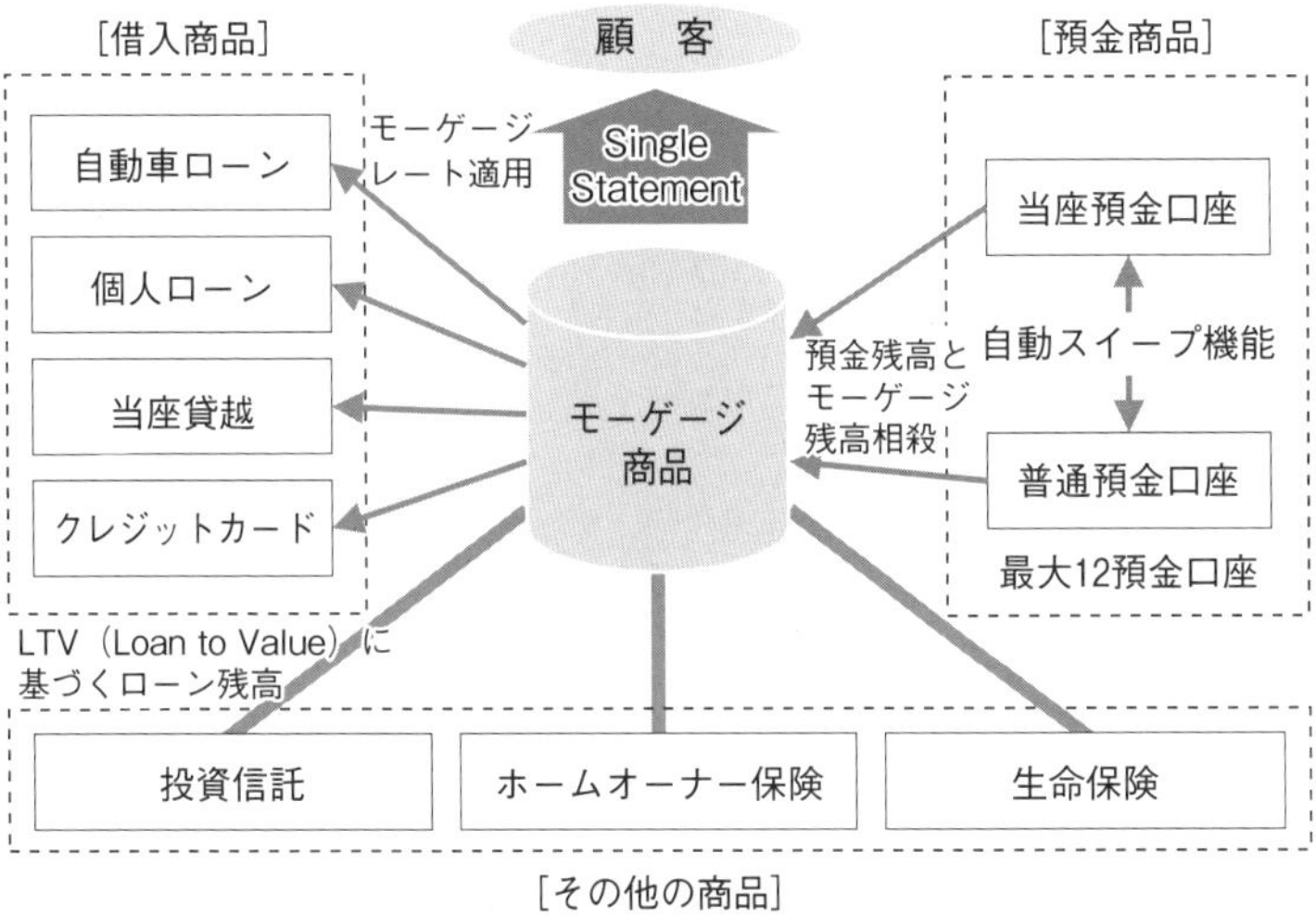

（出所）　TowerGroup, Woolwich and Barclays Websites

などの他の借入商品にもモーゲージ商品の借入レートを適用している（図表6－9）。このパッケージは、一九九〇年代後半に発売開始となったが、他社が実現できない画期的な商品であり、発売開始から三年間で一四〇万人、五年間で五〇〇万人もの新規顧客を獲得し、パッケージ内での平均クロスセル数は、三・五商品となっている。そして、この画期的な商品があるがゆえに、バークレイズは、ウーリッチを買収したともいわれている。

クロスセルの管理はできているか

住宅ローンの金利優遇の条件として、借入れ時の年齢や年収・返済比率などとあわせて、給与振込口座の指定を取り入れている地方銀行は多い。住宅ローン取引を契機としたクロスセルの実現である。ところで、給与振込口座移管の履行状況はきちんとチェックできているだろうか。住宅ローンの実行までに給与口座の移管が完了しないケースでは、ローンセンターと勘定店の責任体制の狭間に落ちてしまい、履行状況をだれも確認しないまま優遇金利を適用していることはありうる。また、給与口座の移管を確認したものの、その後、再度、別の金融機関に給与口座が移管されたケースではどうだろうか。A・T・カーニーの支援事例では、多いところで約三割の取引で本来ついているはずの給与振込みがセットされていなかった。当初のねらいとは異なる、クロスセルなき金利ディスカウント（収益減少）が起こっていないか、確認してみるとよいだろう。

◇ロイヤルティプログラムを取り入れる

クロスセル推進の三つめの視点は、ロイヤルティプログラムの活用である。多くの地域金融機関で導入しているポイント制度と、同様のものと考えてもらってかまわない。ただし、現在のポイント制度が「当行ともっと取引をしたい」と顧客が思う内容になっているかは確認する必要がある。地方銀行のポイント制度でよくみられるのは、預金一〇〇〇万円に、投資信託、基盤取引とカード作成などがあれば最上位のランクに位置づけられ、特典は、ＡＴＭ手数料・振込手数料の優遇や、住宅ローン等の金利優遇が中心のものである。このように、「ある程度の取引量で最上位」にランクされ、金融サービスを中心とした「他行と大差がないサービス内容」であれば、富裕層などの優良な背景をもつ顧客ほど、取引集約のメリットを感じない。

そこで、ロイヤルティプログラムは、自行との取引が少ない顧客には、あえて特別なサービスは提供せず、上位ランクへの憧れを強めることで取引をもっと増やしたいと思われるよう設計する。一方で、すでに取引が多い顧客には特別感を与えて、当行と取引をしていてよかったと感じてもらう（図表６－10）。そのためには、プログラムの最優遇ステージの条件を高めに設定して、そのステージの顧客には、他行とは異なる特別なサービスを提供する必要がある。なお、サービスを検討する際には、金融サービスに限らず、非金融サービスも含めて検討するとよいだろう。過去のＡ・Ｔ・カーニーが実施した調査でも、富裕層ほど非金融サービスへの関心度が高いことがわかっている。自行の展開地域に住む富裕層は、金融以外も含めてどのようなサービスに興味があるかを調べたうえで、特別感をくすぐるサービスを取り入れることができれば、取引の維

図表6－10　ロイヤルティプログラム：自行との取引が少ない顧客には上位ランクへの憧れを感じさせ、取引が多い顧客には特別感を与えるよう設計

ステージ分離のイメージ	自行取引	ロイヤルティプログラムの内容
エグゼクティブ	・きわめて多い —預り資産5,000万円（or 1億円）以上など	・他行にない特別なサービスを提供 —なかでも、ごく一部の超優良顧客にはコンシェルジュ的な対応を行い、当行への特別感をさらに醸成
プレミアム	・多い —預り資産1,000万円以上、または住宅ローン顧客など	・既存のポイントプログラムに非金融サービスも含めて提供
レギュラー	・普通～少ない	・既存のポイントプログラムの内容 —あえて特別なサービスの提供は行わず、"憧れ"を高める（取引を成長させる）

（出所）　A.T. カーニー

持・拡大が期待できる。また、最優遇ステージのなかでも、ごく一握りの超・優良顧客に対しては、定型的なサービスメニューの提供にとどまらずに、一定の予算枠のなかでコンシェルジュ的な対応をして、自行への特別感をさらに醸成してもよいだろう。

なお、非金融サービスの提供には外部との提携が必要となるが、サービスの提供主体に、自行の法人取引先を組み込むことができれば、法人顧客とのリレーション強化や本業支援にもつながる。

4 チャネルは連携が最大のポイント

個人顧客への営業戦略を再設計するにあたっては、顧客接点となるチャネルの強化も不可欠である。個人顧客の場合には、法人顧客よりも多種のチャネル活用を考える必要があるため、チャネルごとの位置づけを明確にしたうえで、強化していく。

◇営業担当者⇒個人営業のプロを育てる

インターネットによる取引が普及したとはいえ、相談や勧奨が必要な業務は営業店の営業担当者・窓口担当者が主要チャネルとなり続けるため、営業担当者の強化は欠かすことができない。

強化にあたっては、営業担当者は個人営業のプロを育てるべきである。銀行の営業時間中に会うことができるのは、一定の資産規模をもった顧客が多く、こうした先には競合も接触を重ねている。大手銀行の担当者は、より高度な知識をもったゼネラリストか中途採用した専門家であり、証券会社はいうまでもなく証券に関しては専門性の高いプロである。顧客の側も、保有資産が多いほど、資産の運用・活用に関して知識をもっているため、自行の対応力が生半可であれば、お付合いこそしてくれるかもしれないが、それ以上の取引は望めない。

地方銀行は、これまでも教育・研修によって個人取引の専門教育を実施してきているが、個人営業のプロの誕生を妨げていた最大の要因は、「法人融資ができないと偉くなれない」「法人融資のできる人が偉い」という暗黙の風土であろう。中長期的にみれば、法人分野よりも個人分野のほうが銀行収益への貢献が見込める可能性もあることから、評価体系やキャリアパスを整備して、個人営業のプロであっても行内で偉くなれる仕組みを整えることは必須である。

なお、高齢富裕層への対応には、プロとしての専門知識だけではなく、徹底して高齢層に可愛がられることでの差別化も考えられる。他業態の例となるが、東京都大田区にあるダイシン百貨店の取組みがおもしろい。ダイシン百貨店は、来店客の七割が五〇歳以上である。接客の大方針は、高齢者一人ひとりへの「孫のような接客」で、品揃えも漬物三〇〇種類、味噌一七〇種類など、高齢者を意識し、高齢者が長年愛用している商品はすべて並べるようにしている。また、七〇歳以上を対象に、一品からでも無料宅配サービスを行うなど、高齢者に対して徹底的な至れり尽くせりのサービスを行っている。その結果、近隣に大手競合が進出しても客足を奪われることはなく、割引セールや宣伝コストもかからないため大手競合と遜色のない利益率を確保できている。ダイシン百貨店の例を学びとして、顧客セグメントごとのニーズを考え抜いたうえで、自行ならではのチャネルの強化方針をつくりあげていくことも重要となる。

◇営業店⇓顧客を呼び込む場とする

営業店の店頭も、預り資産商品販売の有力なチャネルの一つである。しかし、事務対応で忙しいときには預り資産商品の声かけをする余裕はなく、余裕のあるときでも、成約期待度が高い人ばかりが来店しているわけではない。そのため、声をかけてみて関心をもってくれたらラッキー、という程度にとどまっているケースも多い。

将来的な営業店のあり方としては、りそな銀行などが一部の店舗で導入しているように、窓口事務は、進化版ＡＴＭを活用した顧客の自己処理型へと移行し、事務スペースは極小化して、かわりに相談・営業機能を強化することが望ましいだろう。しかし、この形態は全店舗で実施可能なわけではなく、導入にも時間がかかる。

そこでまずは、来店してきた顧客に対応するだけでなく、ねらった顧客層を積極的に店頭に呼び込み、営業活動をする場へと変革することから取り組んではどうだろうか。たとえば、引退していて日中の接触は可能だが、営業担当者が訪問するほどの資産は有していない層を営業店のねらうターゲットと定め、担当者を明確にしたうえで、電話をかけ営業店へ誘致してみるのである。このほかにも、営業店で定期的にセミナーを開催し、複数の顧客に効率的にニーズを喚起していく仕掛けも必要であろう。セミナー終了後には、個別相談も受け付けて、担当者の顔と名前を植えつけることも忘れてはならない。電話で来店誘致をする場合も、セミナーを受けてくれた顧客に後日の来店を促す場合も、ポイントになるのは営業店に行けば「知っている人がいる」ことである。当初の接触が電話であろうと対面であろうと、店頭に行けば自分の担当者がいる状態をつくることで、来店への心理的ハードルは低くなる。これは、改装してキレイな来店待受け（相談）型の店舗をつくったものの、来店客の伸び悩みに苦慮しているケースにも適用できる。来店客が思ったように来ないのであれば、想定するターゲット顧客を担当者が訪問してみて、顧客に自分が担当者であるとわかってもらうことから始めてみるといいだろう。

◇インターネットバンキング⇓期待する役割を明確にする

インターネットは、現役層との取引を逃がさないために必須である。A・T・カーニーの調査では、インターネットバンキングの利便性は、金融機関（預金口座）選択の重要な要素になっていた（図表6－11）。また、インターネットバンキングの利便性のCEが高いほど、預金口座の他者への推薦意向も高くなっており、インターネットバンキングは、顧客維持・拡大のポイントとなりうる（図表6－12）。ただし、単にインターネットバンキングを用意するだけでは、取引拡大にはつながらない。顧客がインターネットバンキングに「最低限」求める機能は、残高・入出金照会や、振込み・振替えなどの一般的な機能であり、この点は特に問題はない。他方で、「この

図表6－11　金融機関（預金口座）選択の要素：インターネットバンキング（IB）は、金融機関を選択する際の上位の検討要素になっている

[顧客が主たる預金口座の切替えを検討すると答えた割合]（複数回答）

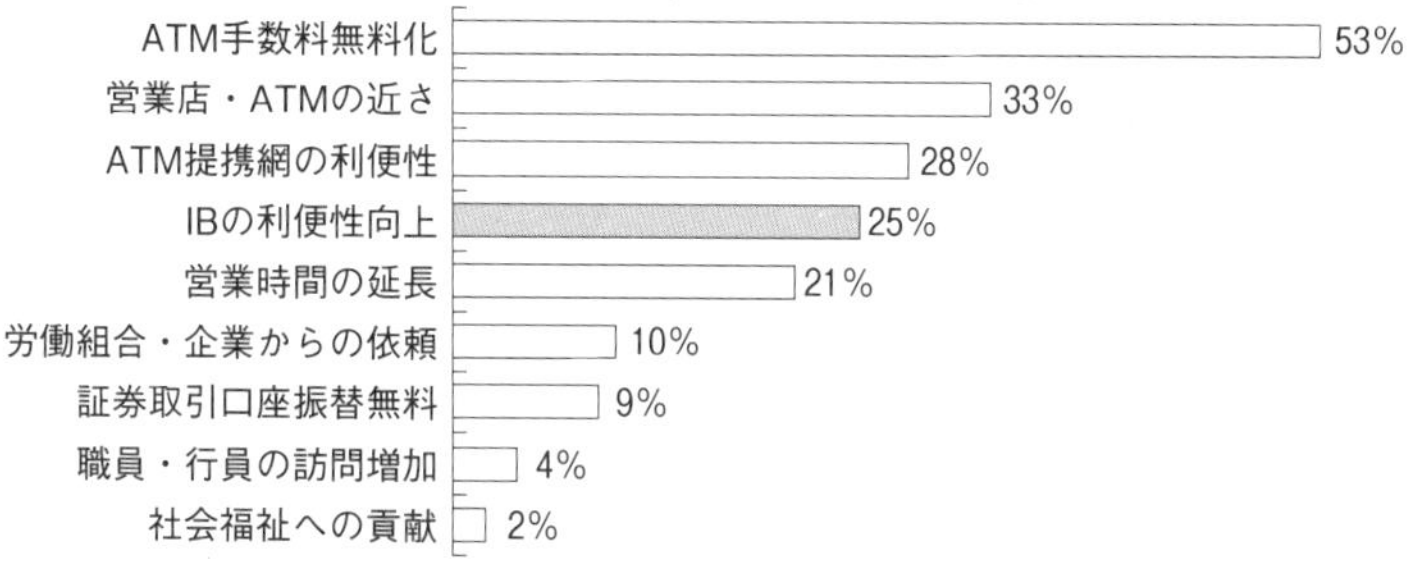

（出所）　A.T. カーニー調査

図表6－12　インターネットバンキング（IB）のCE調査：IBは、顧客維持・拡大のポイントになりうる

[IBのCEと貯蓄性預金の他者推薦度]

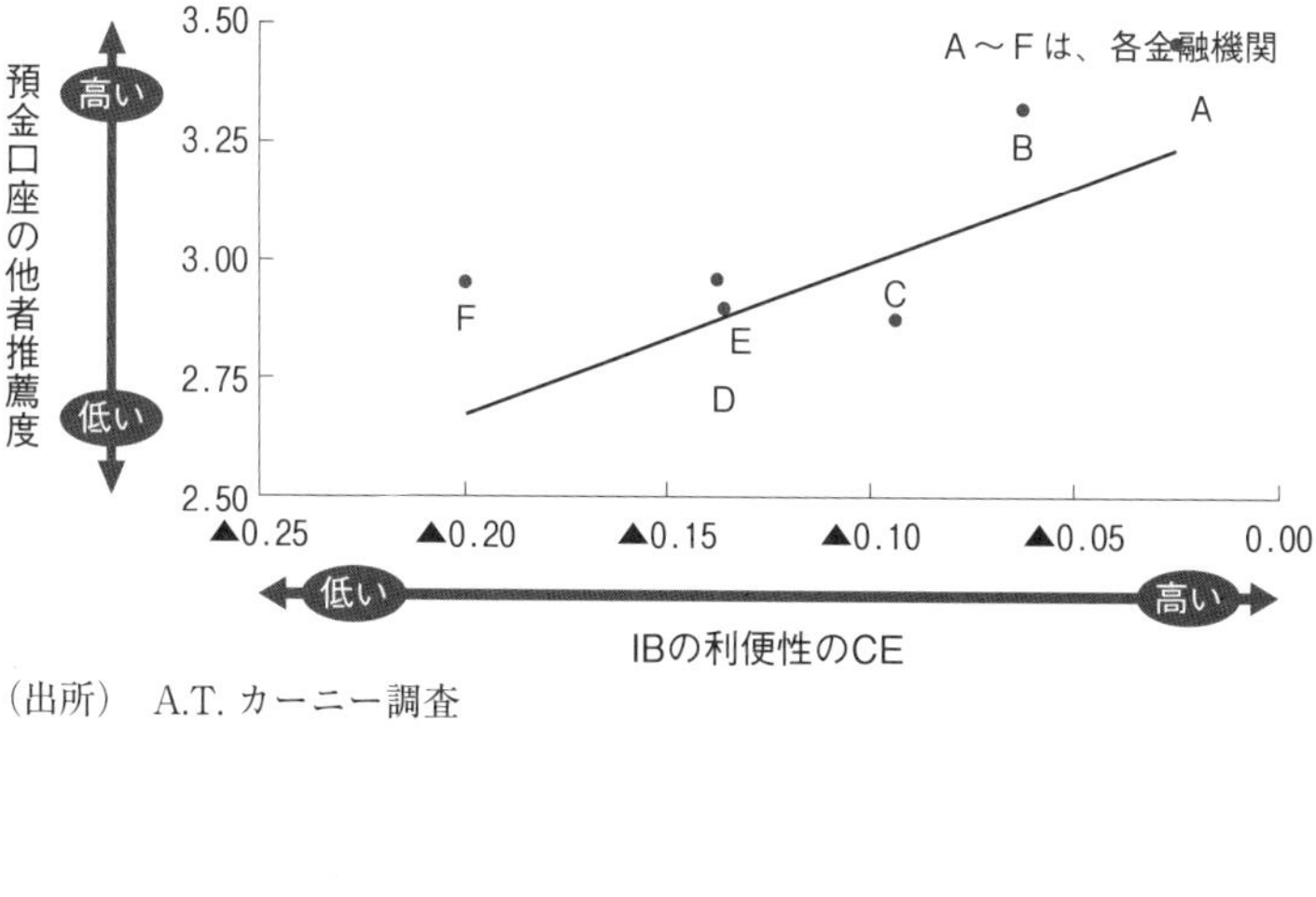

（出所）　A.T. カーニー調査

機能があれば、より取引を増やす」と回答のあった機能は、複数銀行の口座を一つのＩＤ・パスワードで管理できる複数銀行口座管理（アカウント・アグリゲーション）や、住宅ローンの繰上返済・家計簿機能など、より付加価値の高い機能であり、両者の間には格差が存在している（図表６－13）。インターネットバンキングの機能を強化すればするほど、言うまでもなくコストは必要となる。そのため、自行の顧客がインターネットバンキングに求める機能を把握したうえで、経営としてインターネットバンキングに期待する役割（顧客／取引の維持か、拡大か）を明確にし、どこまでの機能を実装していくかを決める必要がある。

また、インターネットは見込み顧客への広告宣伝媒体としての活用も大事である。現役層であれば、資産運用やローンを金融機関に相談する前に、インターネットでまず調べることはごく普通の行動となっている。その際は、特定の金融機関名で検索をかけるのではなく、「住宅ローン　銀行」のように、商品・サービス名をキーとして検索をかけるため、地域に住む人が検索をした際に、自行名が上位に表示されるよう対応（「ＳＥＯ対策」と呼ばれる）することは、最低限必要であろう。

インターネットのなかでも、端末として携帯電話やスマートフォンを利用したモバイルバンキングも、今後は大きな伸びが見込まれる。グローバルの調査では、二〇一七年頃にはモバイルが銀行取引の中心に位置づけられるのではと予測されている（図表６－14）。銀行窓口へ行かないと

図表6－13　顧客がIBに求める機能：最低限求める機能と、取引増を考えるまでの機能は異なる

[顧客がIBに対して最低限求めている機能]（複数回答）

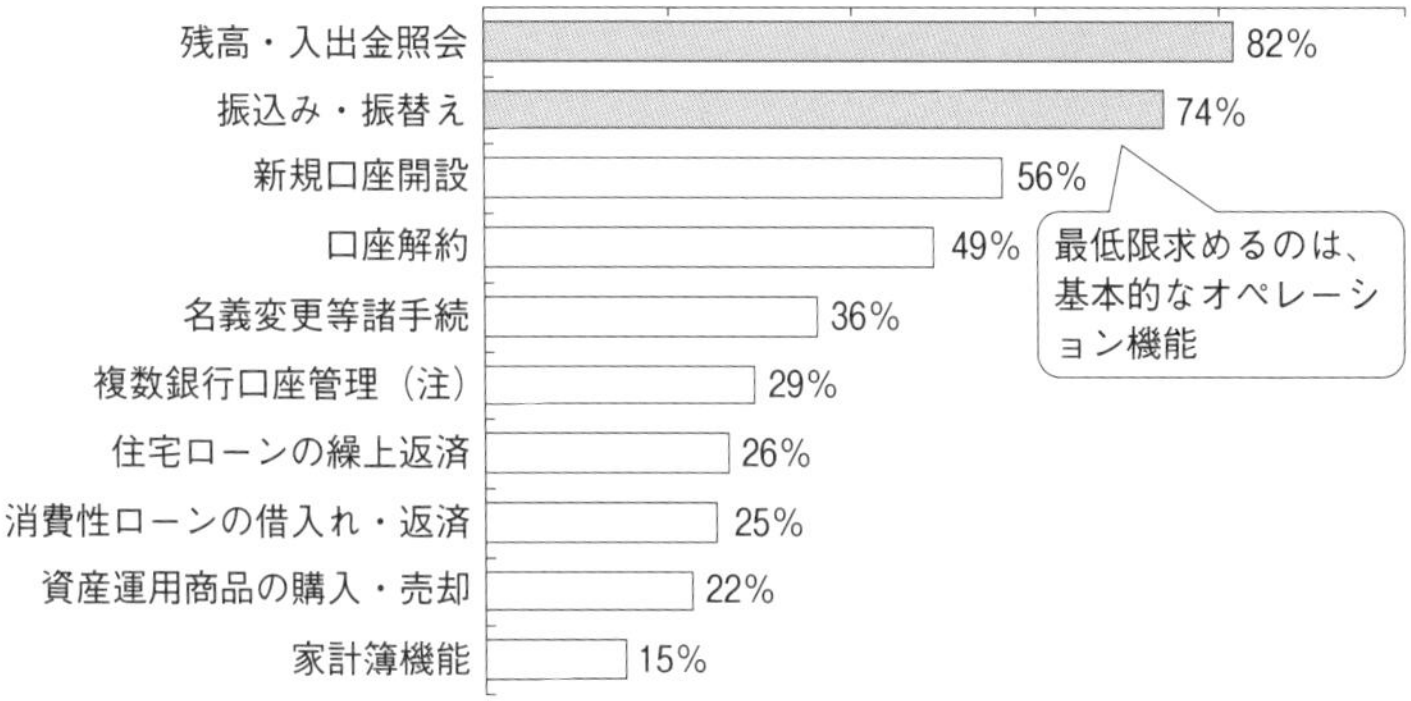

[当該機能が提供されれば、さらに利用を増やすと考えるIBの機能]（複数回答）

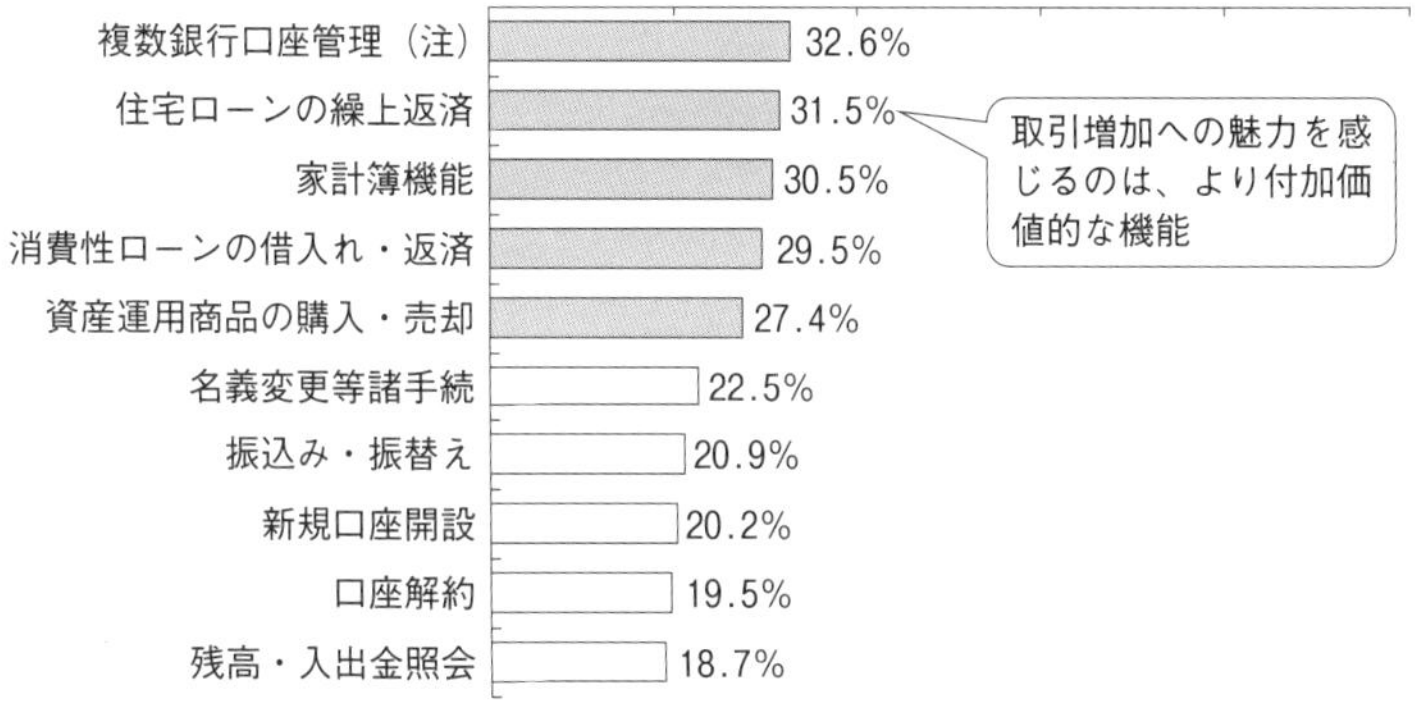

（注）　複数銀行口座管理（アカウント・アグリゲーション）とは、複数銀行の口座を一つのID・パスワードで管理できるサービス。

（出所）　A.T. カーニー調査

図表6－14　銀行チャネル別の利用意向（グローバル調査）：2017年頃には、モバイルが銀行取引の主役となる可能性が高い

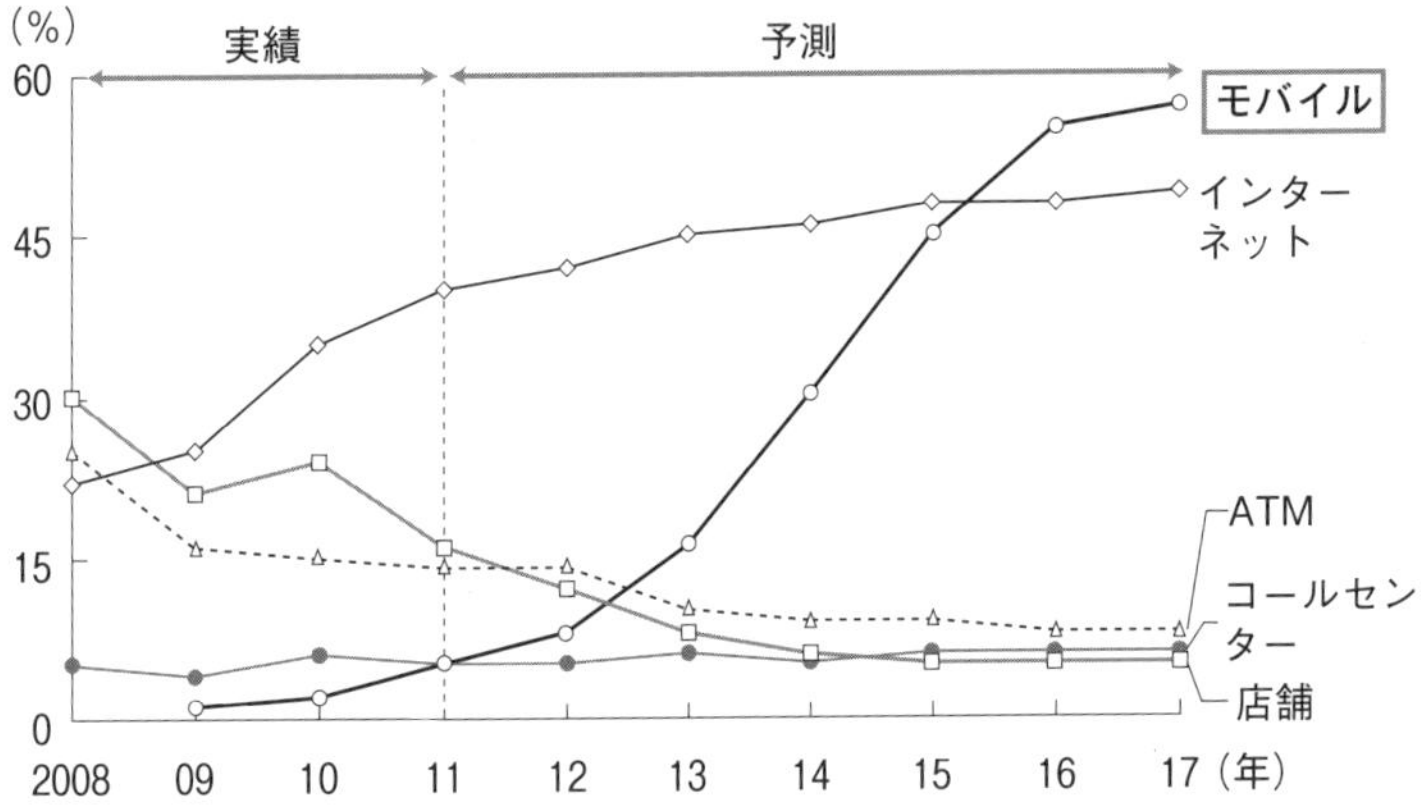

〈今後の方向性〉

・2017年には50％以上の顧客が、モバイルを他のチャネルに優先して利用する。
　―スマートフォンの利用者数増加がモバイル化の流れに拍車。
・このトレンドが継続した場合、2017年には、たった5％の顧客しか、銀行の支店を利用しなくなる。
　―インターネット、スマートフォンの機能拡充により、この流れに拍車がかかる。
・店舗の役割は、取引主体から、アドバイザリー主体にシフトする見込み。
　―顧客のことをより深く知り、より付加価値のあるアドバイスを行う場所として店舗を機能させる。

　―顧客の属性により、カスタマイズされたサービス、アドバイスを提供。

　―店舗での取引は、大半が自動化され顧客が自分で行うようになる。


（出所）　2011 ABA, Nielsen Research；A.T. カーニー

できない手続はすでに減ってきており、日本でも手続の多くがモバイルバンキングで可能となる日も遠くないだろう。すでに一部の銀行では、新規口座開設の際に必要な本人確認書類ですら、郵送による送付を必要とせずにスマートフォンで撮影した本人確認書類のデータ送信で対応可能となっており、スマートフォン上で新規口座開設のすべての手続が完了する仕組みを整えている。

◇ソーシャル・ネットワーキング・サービス⇒決済チャネルへ

ソーシャル・ネットワーキング・サービス（ＳＮＳ）も、顧客とのコミュニケーションの維持・強化の観点で真剣に考えるべきであろう。日本のＳＮＳユーザー数は、すでに五〇〇〇万人ともいわれている。本書でたびたび紹介しているウェルズ・ファーゴはＳＮＳの活用でも知られている。同行は、二〇〇五年からＳＮＳに積極的に取り組んでおり、フェイスブックは四アカウント、ツイッターは三アカウント、ブログは八種類を運用するなど、目的に応じて複数のチャネルを複数のアカウントで使い分け、顧客接点の拡大や、ファン化、また不満やニーズの吸い上げにも活用している。同行の幹部は、「ソーシャルメディアでの顧客とのコミュニケーションは、サービス向上に非常に有効」「ツイッターはモバイルバンキングと相性がよく、顧客の声を聞き、取引を拡大する大きなチャンス」と、銀行チャネルとしてのＳＮＳを高く評価している。

また、海外ではＳＮＳを交流やファンづくりに活用するだけでなく、決済チャネルとして活用する動きも出てきている。たとえば、フェイスブックの友達リストを利用して、送金先の選択・送金の指示もできる。こうした仕組みが日本にも広まると、学生やサラリーマンが飲食代の精算を行う際も、銀行のインターネットバンキングのサイトを訪れずに、普段から使い慣れたフェイスブック上で完結ということも当たり前となる。

インターネットやＳＮＳは、使い方を間違えると悪評が一気に広まる「炎上」リスクがあるため、リスクに敏感な地方銀行は活用に消極的になりがちである。他方で、伝統的に接点確保・取引拡大を苦手としてきた若年層がＳＮＳを活発に利用しているのも実態であり、リスクをおそれるだけでなく、何ができるかを考えてみるべきであろう。ＳＮＳは、マス広告のように自行が伝えたいことを一方的に発信しても、受け手にはまったく響かない。ＳＮＳという言葉が示すとおり、本質は「ネットワーク」である。地方銀行の場合は、地域にある企業や個人とのネットワークの維持・強化を意識してＳＮＳの活用方法を設計してみると、顧客接点の拡大、ファン化にも役立つものとなるだろう。

◇チャネル連携⇓できるところから始めてみる

ここまでは、チャネルごとに強化策をみてきたが、チャネル設計を考える際のポイントは「連携」である。人的チャネルだけをとってみても、顧客に詳しい担当者と、商品・サービスに詳しい担当者の連携を機能させることで、契約獲得率の向上につながる。ダイレクトチャネルの場合も、日本より一足先に進んでいる海外の動向をみると、ダイレクトチャネル単独で活用を考えるのではなく、人的チャネルとの連携が成功の鍵となっている。例をあげてみよう。

●BNPパリバは、インターネットバンキングにもかかわらず、顧客ごとに専任のネットアドバイザーがつくプレミアム口座を提供している。ネットアドバイザーは、ベテラン行員が担当し、電話やeメール等を活用して営業店の営業時間よりも長い時間帯での相談に対応している。また、顧客が希望すれば店舗での相談もアレンジしている。

●INGネザーランドは、リモートチャネル利用顧客からの相談に、営業店の行員がeメールやテレビ電話等を使って対応している。なお、営業店行員は対面顧客との約束が入っていない非稼働時間を活用して対応しており、経営効率を高めるため、特定の担当者を張り付けることはしていない。

●インターネット専業銀行としてスタートしたINGダイレクトは、顧客が説明を受けながらインターネットバンキング（IB）の取引を行うことができるIB専用の店舗や、ブランド認知度拡大のためにIB取引も可能なカフェも展開している。

チャネル連携は、最初から高度なものを目指す必要はない。営業店と本部（DM発信等）・コールセンターといった既存のチャネル同士の連携でかまわないので、まずはできるところから始めてみるといいだろう。成功のポイントは、各チャネルで得た情報を、他のチャネルとも共有をすることで、顧客のストレスを減らしながら活動サイクルを回していくことである。

5 相続資産の流出を抑止する

日本は、高齢者ほど金融資産を保有する構造となっている。金融広報貯蓄委員会「家計の金融行動に関する世論調査（二〇一〇年）」によると、世帯主年代別の一世帯当り金融資産保有額（中央値）は、六〇歳代が最も多く八〇〇万円、続いて七〇歳以上の七五〇万円、五〇歳代の四七四万円、四〇歳代の三四〇万円となっている。これから先、地方の現役世代の都市部への流出は進み、子どもと同居する高齢者も減少していることから、親世代との取引だけでは相続を機に資産が地域以外へ流出してしまう。実際に、相続の際には、被相続人（親世代）が地方銀行を利用していても、相続資産はメガバンクやゆうちょ銀行、証券会社など、相続人（子ども世代）が日常的に利用している金融機関へと流出する割合が多くなっている。

こうした背景をふまえると、子ども世代の流出が見込まれる多くの地方銀行では、地元にある相続資産を自行に残すための対応は不可欠となる。たとえば、遺言信託商品の活用や、土地を含む相続ニーズをあらかじめ把握しておき、地元の地方銀行ならではのきめ細やかなアドバイスを行うことで、相続の対象となる資産について「事前に関与しておく」ことは必須となろう。あわせて、親子二世代にわたり取引をすることでの優遇サービスや、子ども世代が県外から地元へ送金する場合には手数料を優遇するなど、「地元を離れた子ども世代を意識」した商品・サービスの提供にも工夫をこらし、子ども世代との取引強化を図っておきたい。

また、少し変わった切り口としては、親世代との関係性を徹底的に深めることで、子ども世代のロイヤルティを獲得して取引につなげる方法もある。ウェルズ・ファーゴの"Elder Service"は、単身高齢者をターゲットに定めて、単身高齢者だからこそのニーズをとらえ、非金融サービスまで含めてパッケージ化して提供している。顧客は、独身、もしくは配偶者と死別した単身高齢者で、平均年齢は八五歳。五〇万ドル～六〇万ドル程度の資産をもっているため、金融サービスそのものには、あまり関心がない。この顧客層に対して、預り資産の一・七五%を手数料として徴収し、日々発生するありとあらゆるニーズに応えている。たとえば、月々の各種支払、ハウスクリーニング、薬の配達、移動手段の手配、そして単なる話し相手（人気のあるサービス）などの、ちょっとしたことではあるが、単身高齢者にはありがたいサービスである。これらを、外部機関とも提携を行いながら、二四時間三六五日体制でスタッフが対応している。単身高齢者のかゆいところに手が届く、安心を生むサービスを提供することによって、高齢者を顧客にもつ弁護士や税理士、福祉施設や高齢者団体からの紹介がもたらされるほか、顧客（単身高齢者）の親族（子ども世代）からも高いロイヤルティを獲得し、新規口座開設や他行からの口座の乗換え増加につながった。

6 地域住民の生活を守る

個人分野への対応の最後に、地域住民の生活を守る観点にも触れておく。これまでの地方銀行の個人戦略は、資産を有している層に対して商品・サービスをいかに提供していくかを検討すればよかった。しかし、所得の二極化がさらに進むと、金融面で困る人が地域に増える可能性がある。こうした人は、メガバンクも証券会社も保険会社も、だれも救ってはくれないと思われるため、地域に根ざす地方銀行が、地域住民の生活を金融面で支える取組みも必要となるのではないだろうか。社会的弱者向けの金融サービス（預金、各種ローン）の提供、ごく少額からでも将来に向けて資産形成ができる積立商品の提供、積み立てておいた原資の受取方法や受取期間を給付時に柔軟に選択できる年金商品の提供、そして収入確保の観点からは高齢者の雇用をコミットする優良企業への積極的な支援などが考えられる。地方銀行としての商売（収益）に直接結びつくものではないが、地域のセーフティネットとして、地方銀行の対応を期待したい。

第 7 章

人材マネジメント

1 人事部門だけが考えればよい時代は終わった

近時、多くの地方銀行の中期経営計画で、「人材の強化」が主要テーマに掲げられている。経営陣とのディスカッションのなかでも「最後は人だよね」という言葉を何度も耳にしてきた。金融商品という目にみえないものを取り扱う以上、人材が大事なのは論をまたない。

地域経済が伸びていた環境下では、個々の人材の力が際立っていなくても、実績をあげることはできていた。しかし、地域経済が縮小局面に入り、何もしなければ資金需要も生じにくいなかで、個人の力の差が、実績の差に反映する度合いが以前よりも強まってくる。

また、短期的な業績面のみならず、長期ビジョンの実現に向けても人材強化の重要性は大きい。他の地方銀行と同じような長期ビジョンを掲げたとしても、同様な結果にたどり着けるとは限らない。成否を分けるのは、人材の差となるだろう。

これから先、短期、長期のいずれの観点からも、人材の重要性が増すことは間違いない。人材の採用から育成・処遇までを人事部門が考えればよい時代は終焉を迎え、経営の重要課題として人材を考えていかねばならない時代となってきた。本章では、そのなかから、長期を見据えた変革実現のための人材マネジメントについて概観してみる。

2 人材も変革が必要

第2章でも述べたとおり、地方銀行が地域・顧客のために発揮していく必要のある価値や役割は、現状の延長線上にはとどまらないだろう。やるべきことが変革するのであれば、それを実行する人材も変革を遂げなければならない。

◇従来の行員像とは異なる人材が必要に

地域の人に「地方銀行に勤める人を、一言でいうとどんな人か」と尋ねると、「しっかりしている」「まじめ」「信頼できる」といった答えが返ってくる。どれも大事で素晴らしいことである。地域の社会インフラとしての側面も有する地方銀行が、地元の人たちに信頼されながら業務を行ってきた証左であり、この先も必要な人材要件であり続けるだろう。

一方で、これまでの地方銀行のビジネスを遂行するうえで重視されてきたことと、この先の変革を実現するために必要となる人材要件とは違いうる。「挑戦する」「前例にとらわれずに考える」「付加価値を生み出す」といったことが、より重視されてくるであろう。地域や自行の将来、および長期ビジョンの実現を見据えたときに、どのような人材が必要となるかを、知識とスキルの両面から定義してみよう。そのうえで、現在の自行が抱えている人材とのギャップを明らかにして、ギャップを埋めるための方策を、いまからとっていくのである。いまいる人材と同要件の人材であれば、特に策を講じなくても時間がたてば勝手に育ってくるが、異質な人材は意図的に手を打たなければ、生み出されることはない。

◇採用では異質な人材も受け入れる

従来とは異なる人材要件が重要となるならば、それにあわせて採用する人材も変えていく必要がある。新卒採用において、採用する人材の要件を短期的に大きく変えるのがむずかしければ、人事部門の目線によるこれまでどおりの基準での採用は継続していきながらも、頭取をはじめ各役員による採用枠を設けて、将来の自行の成長に向けてキラリと光る人材を採用してみるのも手である。長期ビジョンは、経営陣の考えた「ありたい姿」の意思表示であり、その意思と合致しそうな人材を直接取り込んでみるのである。

中途採用は、地方銀行でも以前に比べれば行うようになってきてはいるが、もっと積極的に行うべきであろう。変革が必要な時代には、行内の文化や目線に染まっていない異質な人材が貴重となる。「中途採用をしたけど、すぐに退職してしまった。当行には中途採用はあわないのかもしれない」という声を経営陣から聞いたこともあるが、中途採用した人材を活かしきるためには、ある程度のまとまった数を採用することがポイントになる。人数が増えてくることで、中途入社者の視点に立った制度やケアの仕方も整うようになり、定着につながっていくのである。他方で、あまりに少数のままであると、「特別な対応」といった感覚が残り続け、中途入社した側は居心地が悪く、力を発揮できぬまま転職していってしまうことが懸念される。

「ピラニア軍団」が組織を活性化（ファンケル）

一九八一年に設立した化粧品・健康食品メーカーのファンケルは、創業当初は、創設者であり社長の池森賢二氏に共鳴して集まった「理想実現志向」の人材が多く在籍していた。しかし二〇年の歴史を重ねるなかで、当初は活きのよかった社員も、次第に安定志向が強くなったことが社長の懸念となった。そこで、状況を打破するために「常識の壁をぶち壊す中堅社員大募集」と新聞広告をうち、在籍社員の少ない中堅層（三〇歳～四五歳）をターゲットとして中途採用を実施した。当初は一〇名の採用を考えていたが、六〇〇名近い応募があり採用数を増やすこととなった。

こうして採用した人材を、ファンケルでは「ピラニア軍団」と名づけ、現場に投入して組織の再活性化につなげた。その際、社長は「ピラニア軍団」が潰されたり埋もれたりしないよう組織内に強いメッセージを発して、彼らのことを徹底的に守ったのである。

●ピラニア軍団へのメッセージ
・仕事を覚えることはもちろんだが、当社のカラーにどっぷりと首までつかることなく、常に建設的な批判精神、問題意識を持ち続けてほしい。
●ピラニア軍団が所属する部署の上司へのメッセージ
・熱烈歓迎の目で迎え入れてもらいたい。
・従来のやり方に固執することなく、ピラニア軍団の意見を、それが当社の常識外れのものであっても、しっかりと受け止めてほしい。
●社長自身の誓い
・徹底的にピラニア軍団をサポートすることで、全社員が活気を取り戻し、働きやすい環境を整える。

ちなみに「ピラニア軍団」という名前は、養殖ウナギの水槽にピラニアを一匹入れておくと、ウナギが危機感を覚えて活性化し、長生きするようになるという話に由来する。安定志向が強くなってしまった組織に対して、刺激を与える存在になってほしいとの願いから「ピラニア」の名をつけ、彼らを活かすために人数をまとめて採用したことから「軍団」としたのである。

◇他流試合と褒める文化で人を育てる

人材マネジメントを考えるうえで、育成も非常に重要な要素となる。従来型の人材育成から変えていくべきポイントをみていくことにしよう。

●異文化に触れさせる……これまでの地方銀行の常識にとらわれない発想ができる人材、次世代のリーダーとなりうる広い視野をもった人材を育てられているだろうか。組織への在籍が長くなると、知らず知らずのうちに、組織の文化・常識に染まってしまい、同質的な人材ばかりが生み出されてしまう。これは、地方銀行に限らず、どの業界でも起こっている。一方で、著者が地方銀行の方々と仕事をしていて「この人は、周りと少し違ったおもしろい視点をもっているな」と思う人に出会うこともある。確認してみると他社への出向経験など他流試合をしてきた人であることが多い。異文化に触れて刺激を受け、成長のスピードも飛躍的に高まり、魅力ある人材に育っているのである。これを学びとして、将来有望な若手や中堅行員は、積極的に行外へ派遣すべきであろう。そして、できることなら一部の人に限定せずに、四〇歳になるまでの間に全行員が一度は外部で働く機会をもつような仕組みも取り入れてみてほしい。短期的な業績の確保や、人のやりくりでむずかしいことはわかるが、実現できたならば、人材のレベルは非連続的に高まる。

社外に派遣して育てる（サムスン、アサヒビール）

サムスン（韓国）は、売上高の約九割を海外に依存している。人材のグローバル化は不可欠で、外部人材の獲得と、内部人材の育成の両面から対応を行っている。内部人材の育成策の一つに、「地域専門家制度（遊学制度）」と呼ばれる海外への人材派遣制度がある。グローバル人材の養成を目指して、その国のプロとなる人材を育てる目的で一九九〇年より開始した制度で、入社三年目以上の課長代理クラスが対象となり、毎年、数百人が選抜されている。この制度は、派遣期間中、仕事の義務が課されていない点が、他の多くの会社で導入されている海外派遣制度とは大きく異なる。派遣先には一年間滞在し、期間中の給与は支給されるものの、その国の文化や言語を学ぶために自主的に計画を立てて実行することが求められているため、家探しから日々の生活、語学学習、人脈づくりなどはいっさい会社を頼らず、自力で乗り切らなければならない。こうして海外において、その地域のプロを育てあげているのである。

アサヒビールは、同質的な「金太郎あめ集団」ではなく、能力がバラバラで個性的な「桃太郎集団」をつくることを目標としている。サムスンの「地域専門家制度（遊学制度）」を手本として、一定期間の業務を免除して海外へ人材を派遣する「グローバル・チャレンジャーズ・プログラム」を二〇一〇年より導入した。第一期生は、中国・アメリカ・イギリス・タイ・オーストラリアなど七カ国へ派遣され、派遣先では現地の商慣習や食文化などを体験・体得することに専念させ、具体的に何をするかは本人に任せている。

同社は海外派遣だけでなく、国内の他社への人材派遣も積極的に行っている。「社外武者修行制度」と呼ばれるこの制度は、海外派遣よりも早い二〇〇六年より開始しており、若手から中堅の幹部候補生を一年間ほど異業種の提携企業へと派遣し、業務に従事させるものである。これまでに、商社・電鉄会社・コンビニ・製薬会社・玩具メーカー・電機メーカー・通信キャリアなどに派遣実績がある。この制度は、あえて異業種へ派遣して、異なるビジネスモデルや組織文化に触れる機会をつくることで、派遣者の個人的な成長を促すとともに、アサヒビールへの復帰後には、学習成果をもとに社内変革や組織活性化の原動力となることをねらいとしている。派遣先の企業からも戦力として期待され受け入れられており、派遣先でヒットにつながる商品を企画立案した事例も存在している。

アサヒビールの事例を参考に、地域の取引先に行員を派遣してもよいだろう。地域のなかでも優秀な人材の集まる地方銀行の行員は、若手・中堅層であっても取引先からは喜ばれるに違いない。

●褒める機会を増やす……人材育成を考えるうえで、褒める機会を増やすこともぜひ取り入れてほしい。人が喜びを感じ、さらなる向上意欲をもって働くことができるのは、褒められたり、認められたときである。それに対して、地方銀行は「できて当たり前」がスタート地点にあり、そこからの減点方式となっている。これでは、チャレンジして減点されるよりも、平穏無事に過ごして減点されない意識・行動様式になっても仕方なく、変革への自発的な挑戦は起こらない。同様に、期待を伝えられることも、行員の自律的な成長を促していくが、これも地方銀行は不得手である。期待を伝えているつもりでも、実際に伝わっているのは目標やノルマ、ミッション（使命）となってしまっていては、義務感や恐怖からくる行動は促せても、前向きな意思から湧き出るさらなる挑戦は起こってこない。

改善するための一つのアイデアとして、個人ごとに、その人を取りまく重要なステークホルダーから、「よいところ」「期待していること」のヒアリングを行い、それを人事制度の目標設定やフィードバックに組み込むことはできないだろうか。上司、同僚、後輩の三者くらいであれば、多少の手間をかければできるはずである。欲をいえば、さらに大事なステークホルダーである顧客と家族からもヒアリングをしてフィードバックしてあげたいところである。

また、よい行動をした人を、その場で褒める制度を取り入れるのも手である。「頭取賞」などを設けている地方銀行は多くあるが、決定的に違うのは業績達成（数字）を褒める対象にするのではないことと、褒める機会を半期に一回や年一回に限定しないことである。次に紹介する東京ディズニーリゾートの制度も、褒める仕組みを検討するうえで参考になるだろう。

褒めて育てる（東京ディズニーリゾート）

東京ディズニーリゾートは、「夢、感動、喜び、やすらぎ」を提供し続け、常に新たな感動を創造し続けるための企業風土を育むことに力を注いでいる。そのなかの施策にキャスト（従業員）が、モチベーションを高め、意欲的に仕事に取り組めるよう表彰制度を設けている。

- 「ファイブスター・プログラム」……上司がパーク内ですばらしい行動をしたキャストを見つけ、その行動を称えるためにカードを手渡す活動。頑張って仕事をしているキャストは、「ここがよかった」「それでいいんだ」と認められることで、モチベーションの向上につながっている。カードを受け取ったキャストは、オリジナル記念品と交換できるほか、定期的に開催されるファイブスターパーティーに参加することもできるようになっている。
- 「スピリット・オブ・東京ディズニーリゾート」……「ファイブスター・プログラム」は上司がキャストを褒める仕組みであるのに対し、こちらはキャストが、すばらしい行動をしている他のキャストに対し、専用カードにメッセージを書いて称える活動となっている。メッセージが書かれたカードは、すべて、そのキャストのもとに届けられ、なかでも称賛の数、内容ともに優れたキャストが「スピリット・アワード」を受賞し、表彰式ではスピリット・アワードピンが授与され、栄誉が称えられる。

東京ディズニーリゾートの仕組みは、褒める機会を増やすだけでなく、日常の活動を上司や同僚がきちんとみているというメッセージを伝えられる点でも学ぶべきことは多いといえよう。また、海外の金融機関では、従業員だけでなく顧客も参加して、優秀なサービスを提供した行員の表彰に投票できる制度を設けていたり、表彰された行員にストックオプションの付与・昇進といった実利を付与している銀行もある。行員を褒める仕組みとして、検討してみてはいかがだろうか。

◇複線型のキャリアパスが必要となる

これまでの人材像とは異なる、新たな強みをもった人材を育成していくためには、地方銀行の「ゼネラリストを前提としたキャリアパス」とは齟齬が出てくる可能性もある。地方銀行では、「法人融資ができ、渉外役席を務めて成果を残した人」が支店長となり、役員層へと至るのが伝統的な（王道の）キャリアパスとなっている。しかし、長期ビジョンの実現のために変革に挑んでいく人材は、この運用下では報われてこない危険性がある。地域を活性化させるため、地域の成長そのものに携わっている人材も同様であろう。また、これからの時代は、地方銀行にも特定領域の専門人材が必要となってくるが、やはり現在の制度では報われない。専門人材として内部育成した行員が、特定の領域に長く特化して活躍したがゆえに、明示的でないにしろ支店長への登用・役員層への昇格の可能性が薄れたとしたら、モチベーションは大きく下がる。そもそも将来のキャリアパスが不明瞭ななかでは、専門人材になるのを拒んだり、専門人材の道から早期の異動を希望することも考えられる。このケースとは逆に、専門性を買って外部から中途採用した専門人材が、優秀であるがゆえに今後の行内での昇格を視野に、門外漢である法人融資畑に飛び込むことになったとしたら、「こんなことをやりたくて転職してきたわけではない」とモチベーションを下げる可能性もある。

多様な能力を有した人材が、モチベーションを維持・向上させながら働いていくためには、これまでの行員の典型像とは異なる能力を有した人材や、専門人材の存在を所与としたキャリアパスの再構築、およびゼネラリストでなくても昇格できる制度は不可欠である。行内で長く議論されてきたであろう「複線型のキャリアパス」を、そろそろ本格的に導入してはどうだろうか。

ゼネラリストでなくても偉くなれる（IBM）

　IBMは、複線型のキャリアパスのもと、ゼネラリストでなくても偉くなれる仕組みとなっている。専門職の上位職階である「認定プロフェッショナル専門職」には、部長クラスから役員（フェロー）クラスまで存在しており、特定領域の専門家であっても成果をあげれば偉くなれるのである（図表7－1）。ゼネラリストとしての「ライン専門職」と、「認定プロフェッショナル専門職」は、キャリアの途中でいずれかに完全に道が分かれるわけではなく、両制度間の行き来も行われている。

図表7－1　IBMの複線型キャリアパス：特定領域の専門家であっても、成果をあげれば偉くなれる

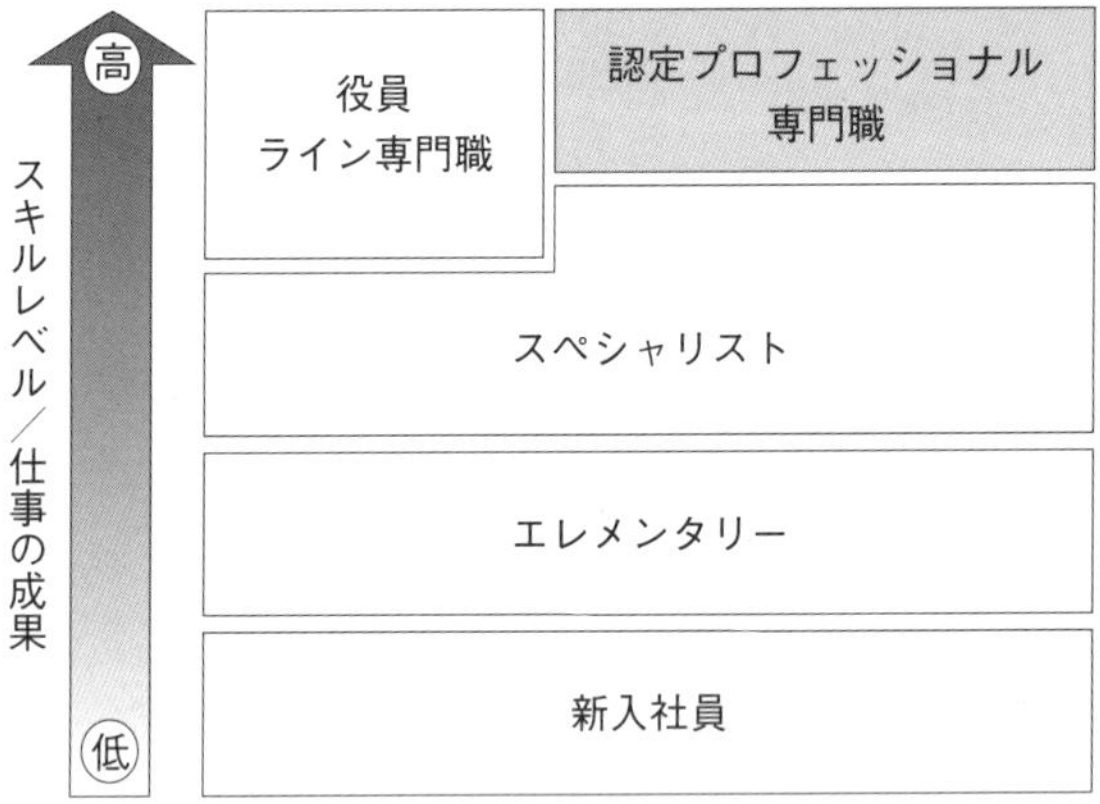

（出所）「組織マネジメントのプロフェッショナル」（高橋俊介）、IBM出身者ヒアリング

第 8 章

変革への挑戦

1 「絶滅危惧種」とならないために

繰り返しみてきたように、地域経済が縮小していくなか、現状の延長線上だけでは地方銀行のビジネスも縮小は不可避である。縮小均衡どころか、縮小がいつまでも続いてしまう危惧すらある。地方銀行は「構造不況業種」であると書いたが、このまま何も変わらなければ、「絶滅危惧種」となってしまうかもしれない。地方銀行が絶滅危惧種とならないためには、地域の役に立ち続けていることが絶対条件となる。新たな価値の提供を模索した結果として、資金提供主体としての役割から軸足が移り、別のものへと〝変態〟を遂げる地方銀行が出てきてもかまわないだろう。

2 経営のリーダーシップで、変革に挑戦

本書では、「将来を見据え」、「足元を強化する」策について述べてきた。いずれの点においても、いまのやり方をそのまま踏襲するだけでは不十分で、変革への挑戦が必要となってくる。す

ぐの成果につながる簡単なものではないが、検討を先延ばししても明るい未来への道筋はみえてこない。できない理由や、やらなくてもよい理由は、いくらでもつくれる。それでもやってみようと行動に移せるかが、数年後には大きな違いとなって現れてくると信じている。経営の強いリーダーシップのもとで、変革への一歩を踏み出すことを期待したい。

一〇年後も、地域に愛され続ける銀行でいるために
一〇年後も、地域から必要とされ続ける銀行でいるために
そして
一〇年後も、行員が誇りをもって働き続けているために

おわりに

書籍化の企画から、本書の刊行まで、じつに二年もの年月がたってしまいました。「おわりに」を書くにあたり、当初企画段階でつくった目次案を見返してみたのですが、本書でページを割いている「長期ビジョン」「統合・再編」は入っていませんでした。二年前といまとを比べても、取り上げたいテーマが異なっていたことを確認して、地方銀行も変化とは無縁ではいられない環境にあることをあらためて感じた次第です。

第1章に書いたとおり、日本が強くなるためには、地域が、そして地域を支える地方銀行が強くあることは不可欠だと考えています。僭越ではありますが、本書は地方銀行に働くすべての方への敬意と、期待を込めて書きあげました。皆さまの銀行の将来戦略を考えていくうえで、本書が少しでもお役に立つ機会があれば幸いです。また、多くの地方銀行の経営陣の皆さまや、次世代を担う層の方々にお聞きした話・ディスカッションした内容が本書の骨格を支えています。お名前をご紹介することはできませんが、この場を借りて心より御礼申し上げます。

そのほかにも、本書はたくさんの方に支えられて完成しました。お世話になったすべての皆さまに謝意を表したいと思います。

なかでも、東日本大震災事業者再生支援機構の社長で、元・足利銀行頭取の池田憲人様には、金融機関の経営者としての目線から多くの貴重なアドバイスを頂戴しました。

また、同志であるA・T・カーニーのメンバーには、たくさんのインプットをもらいました。特に、金融プラクティスのパートナーである佐藤勇樹さん・矢吹大介さん・竹井友二さんとは、常日頃から地方銀行の将来について議論をかわすことで、ここまでたどりつくことができました。アルムナイ（卒業生）となった辻井隆司さん・安田雄彦さんとご一緒した地方銀行のプロジェクト経験も礎となっています。PRチームの鬼頭由利さん・久々江敦志さんにも、進捗管理や校正で完成まで導いてもらいました。

そして、初めての執筆作業で、なかなか筆が進まないなか、家族との時間が削られても不満を言うことのなかった、妻るり子、娘の姫花・桃花にも、ここで感謝の気持ちを贈ります。

さいごに、長い期間にわたって粘り強く原稿を待ち、編集を担当していただいた金融財政事情研究会の谷川治生理事には、心より感謝申し上げます。本当にありがとうございました。

【参考書籍】

『全国地方銀行協会五十年史』
『第二地方銀行協会五十年史』
地方金融史研究会『日本地方金融史』日本経済新聞社
渋沢栄一『現代語訳　渋沢栄一自伝』平凡社新書
梅澤高明『最強のシナリオプランニング』東洋経済新報社
岸田雅裕『マーケティングマインドのみがき方』東洋経済新報社
阪本啓一『共感企業』日本経済新聞出版社
山田能伸『地域金融　勝者の条件』金融財政事情研究会
マックス・M・ハベック他『勝利する企業合併』ピアソンエデュケーション
山本真司『儲かる銀行をつくる』東洋経済新報社
高橋俊介『組織マネジメントのプロフェッショナル』ダイヤモンド社
池森賢二『社長から社員への手紙』飛鳥新社

■著者略歴■

高橋　昌裕（たかはし　まさひろ）

A.T. カーニー株式会社
金融プラクティス プリンシパル
慶應義塾大学卒業。生命保険会社で営業企画などの業務に従事したのち、2002年にA.T. カーニー株式会社に入社。現在、金融プラクティス（FIG）リーダーシップメンバーの一員。これまで携わった全プロジェクトのうち、約6割が地方銀行をクライアントとするものであり、地方銀行に対する豊富なコンサルティング経験を有している。またテーマも、長期ビジョンの策定、中期経営計画の策定、営業戦略の策定、経営統合支援、営業現場力の強化、ITマネジメント力の高度化、業務改革、コスト削減など、多岐にわたる。コンサルティングのほか、講演や研修講師、金融関連紙誌への執筆も多数、行っている。

KINZAIバリュー叢書
ザ・地銀――構造不況に打ち克つ長期ビジョン経営

平成26年9月26日　第1刷発行

著　者　髙　橋　昌　裕
発行者　小　田　　　徹
印刷所　株式会社日本制作センター

〒160-8520　東京都新宿区南元町19
発　行　所　**一般社団法人 金融財政事情研究会**
編 集 部　TEL 03(3355)2251　FAX 03(3357)7416
販　　　売　**株式会社 き　ん　ざ　い**
販売受付　TEL 03(3358)2891　FAX 03(3358)0037
URL http://www.kinzai.jp/

ISBN978-4-322-12593-1